讓每個決定成為最好的安排

四寶媽白家綺的五味人生

白家綺 著

儘管人生有許多風雨，

我們還是能一次又一次地重新站立，

把自己過得如花朵般燦爛，光采耀人。

重新開始，
重新相信愛

才翻開書，我的眼眶就有淚水打轉。

一個很辛苦的成長過程，一段幾乎不敢有夢想的歲月……。看到現在家綺幸福的模樣、螢光幕前如此閃亮，很難想像曾經有過如此受傷、害怕、波折的歷程。

「只要信、不要怕」是神給我們的應許，感謝神讓我看到她因著倚靠主重新開始，重新相信愛；雖然迷迷糊糊向前走，神卻帶領出清清楚楚的道路，「讓每個決定，成為最好的安排」，非常適合人生路上跌跌撞撞的你我。

STUDIO A 共同創辦人、暢銷作家、得獎主播

蔣雅淇

我們都有機會
找到自己的幸福

今天，很高興能為家綺的新書寫這段推薦序，來回敬她曾經與我分享的祕密。

那是幾年前，我與家綺曾經主持一個帶狀綜藝談話性節目。當天我們正在化妝間過稿，她請助理出去，把門帶上，壓低了聲音跟我說：「我懷孕了！」

一向後知後覺的我首先感到很震驚，竟然提前知道這麼重大的消息（當時節目組都還不曉得）。我也真心為她感到高興，因為我知道她一路走來有多麼辛苦。以她理智又務實的個性，以及前任婚姻的遭遇，我相信她絕對不會隨便愛上別人，更別說讓自己再次懷孕，除非內心有了安全感，那想

必是一段充滿波折的心路歷程，也是這本書所揭曉的內幕。

我不算圈內人，但知道演藝生涯有多辛苦。身為主持人，無論你今天多累、心裡有多少掛念，一旦走進錄影現場，就得笑口常開、見人說人話、遇到前輩要恭敬、遇到後輩要提攜、對工作人員要貼心；因為台上是個領導角色，台下也得要扮演這個角色，所以氣場要隨時張著，背脊要隨時挺著。

家綺明明有身孕的負擔，每次錄影還得穿著高跟鞋站一整天。轉場休息時，有時看她偷偷按著自己的腰，側臉露出痠痛的表情，都很為她感到心疼。

書上說，生斗宅時，家綺竟然還選擇不打減痛分娩，這也顯示了她的個性：與其說是倔強或逞強，我倒覺得她是個為了充分感受人生，而不畏懼高強度碰撞的人。這些碰撞和打擊，加上強烈的責任感，造就了她這個女大俠的人格。但無敵的女大俠終究還是會碰上對手的！所以我很佩服東諺，在追求家綺時如此耐心包容、癡心等候，真可以說是「以柔克剛」！讀著他們兩人的愛情故事，我看到的是一個對愛堅信不疑的男人，與一位對愛堅毅不信的女人的較勁，而最後的結局，很高興與大家分享：LOVE WINS。愛，終究勝過一切！

　　最後，這本書讓我們看到家綺與東諺如何用「信仰」幫助他們維持和諧的家庭。吵架後，他們會一起禱告；孩子有

情緒表現時，他們會一起禱告。無論你信什麼宗教，禱告是
很有力量的。

　　就在落筆前，我和家人原本要去美國度假，但女兒突然
有了不明的感染，因此而延遲了計畫。家綺聽說了，馬上就
傳來語音，直接在 LINE 上為我們全家進行禱告，我們聽了
非常感動。當別人說「我會為你禱告」時，家綺真的這麼做
了。後來我的女兒痊癒，我們也順利去了美國，所以我在這
裡感謝家綺的祈禱、感謝她的友誼、也謝謝她邀請我為這本
新書寫幾句話。

　　希望每一位有幸讀到此書的朋友，都能從中獲得一些共
鳴和希望：只要相信一切的發生都有它的意義，我們都有機
會找到自己的幸福。

作家、正向心理學專家

劉軒

不要放棄重新獲得幸福的機會

今年生日，吳先生、我、白媽媽、兩個大女兒、小斗宅和抱在懷裡的小朵拉，在家裡手忙腳亂的自己拍了全家福，留下珍貴的合影。畫面上的我們笑得燦爛，是從內心散發的喜悅，這是十年前的我，想都不敢想的。

真想坐上時光機回到過去，大聲告訴當時的自己：「白家綺，不要怕！以後妳會過得很幸福的！」

小時候，爸爸創業做生意，但過程不是很順遂。在童年懵懂的印象裡，家裡經濟狀況一直不是很好，媽媽經常為了錢掉眼淚，甚至半夜還有人上門討債。為了貼補家用，我和哥哥姊姊會到車站附近，脖子上掛著塑膠籃在路邊賣衛生紙

和原子筆。等到年紀更大一點，幫人洗頭、擺地攤、發傳單等，各種打工性質的工作我都做過。

對當時的我而言，做這些事情無關喜好、無關夢想，就是想盡自己的能力賺錢，讓家人不再為錢所苦。這也形塑了我前半輩子的人生觀，總是被金錢綑綁。二十出頭的時候，因為想逃離原生家庭的經濟壓力，選擇很快地進入婚姻，卻沒想到又是另一場風暴。

走過失婚、負債，卻意外成為我進入演藝圈的動力，很幸運的是，這份工作讓更多人看見我，也讓我和東諺相遇、相愛，決定攜手一生。

《聖經》上說：「耶和華所賜的福使人富足，並不加上憂慮。」（箴言 10：22）現在的我終於明白，所謂的「福」，不該全數建立在物質條件上，人生還有很多比金錢更重要的事。

　　如果沒有遭遇過旅途上的荊棘，也就沒有此刻品嘗甜美果實的刻骨銘心。雖然這條路並不好走，但我知道，所踏出的每一步，都是為自己努力，讓自己成為更好的人。**不用因為一時的挫敗，就否定當初所做的決定跟選擇。**

　　儘管人生有許多風雨，我們還是能一次又一次地重新站立，把自己過得如花朵般燦爛，光采耀人。

　　這本書裡，我分享了自己一路走來的生命經歷，希望發生在我身上的這些曾經，可以陪伴每一個正在努力的你，繼續向前走到迎來圓滿結局的那一天，不要放棄重新獲得幸福的機會。

目  次

Chapter I

成 為 幸 福 的 四 寶 媽

每一天，我都深感母親這個身分的奇妙。表面
上看起來，是我照顧著孩子長大，但很多時
候，是他們讓我有了往前邁進的力量。比起我
的付出，孩子給予我的回饋更多。深深感謝他
們來到我的身邊，讓我能夠自豪地向所有人宣
告：「我是全世界最幸福的四寶媽！」

十六歲的高中女生，
最大的夢想是成爲一個好媽媽

「我叫白家綺，我最大的夢想是生兩個孩子，自然產、餵母乳！」高二那年，我站在司令台上，用盡全力喊出這句話，全場譁然。

那個時候是要選拔出大隊的指揮，為了聽清楚每個人的咬字和音量，老師要同學們輪流上台，向台下大聲講出自己的夢想。每個人不外乎都是說出自己未來的志願要做什麼工作，當我用再堅定不過的語氣，說出自己期待有朝一日能夠生下孩子時，大家好像不敢相信自己聽到了什麼，台下先是一片靜默，過了幾秒，才爆出哄堂大笑。

笑聲裡彷彿傳遞著對於這番言論的不置可否：「有沒有搞錯？這個看起來白白淨淨的高中女生，竟然把生孩子當成夢想？」那些訕笑，我絲毫沒有放在心上，因為我是真的真的真的很想成為一個好媽媽（講三遍代表是最重要的）。

細細想來，是有些「家學淵源」在裡頭的。

我們家有四個兄弟姊妹，「白媽媽」就是我在四寶媽這條路上，最努力學習的對象。在學校，每當老師調查起班上同學有幾個兄弟姊妹，大概有三分之一的人都是獨生子女，家中有兩個孩子的也不少，三個的不多。問到最後，大家都很驚訝地發現，只有我們家是四個小孩，每每都會引來老師和同學們的驚嘆：「家綺，妳媽媽也太厲害了吧！」

原來家裡孩子多，是件足以令人嘖嘖稱奇的事嗎？畢竟，那時的我還無法想像，媽媽從孩子呱呱墜地的那一刻起，一直到把我們這些小蘿蔔頭一個個拉拔長大，得花多大的心力。

　　回想起來，儘管原生家庭經濟不算寬裕，卻不影響家人之間緊緊相繫的感情。年紀相近的手足爭吵起來，沒有片刻消停，打打鬧鬧的，日子也就這樣過了。因為媽媽當保母的關係，家裡時常會有她幫忙帶的嬰幼兒，我們幾個自然受過精實的訓練，身懷照顧寶寶的各種技能。大的小的孩子湊在一塊兒，氣氛實在熱鬧。

　　也因此，我打小便在心裡種下了「好想成為一個母親」

的念頭。和同輩的女生相較之下，我之所以很早就踏入第一段婚姻，或許也是這個緣故。

第一胎報到時，每天我都非常期待卸貨的那一日，就算許多人把產痛形容得相當可怕，我也沒有半點遲疑，就是要拚自然產！預產期前，我乖乖在家待產，一發現落紅，知道準備要迎接寶寶的時候，我不假思索地打給媽媽，問她生孩子是不是像上廁所般，用力就好。

在電話那頭，媽媽得知我臨盆在即，突然就哭出聲來，抽抽噎噎地鼓勵我，生孩子確實很痛，但一定要勇敢。當下我心頭暖暖的，知道媽媽是捨不得女兒即將經歷她也受過的痛，只輕快地回她一句「我知道」，好讓媽媽安心。

身為初產婦的我，像個傻大姊般，聽大家說第一胎要多走動，產程才會順，想著醫院離當時住處不遠，異想天開以為可以走路過去，抱著臉盆就出門了。沒想到人算不如天算，產兆來得是又急又快，而且劇烈頻繁，讓我舉步維艱、大汗淋漓，幾乎是每十步就陣痛一次。靠著沿路變電箱、電線桿和公車站牌的「扶持」，才走到醫院，平時不過短短十分鐘的散步路程，居然花了快一個鐘頭。

　　一到醫院我就被推進待產室，不到半小時，大女兒就登入成為地球人。

　　後來，醫院的護理師告訴我，其實我的狀況是「急產」現象，指的是從出現產痛到分娩的時間少於三小時，對媽媽

和寶寶來說都具有危險性。為了防患未然，下一胎最好還是能早做準備，懷孕後期，身邊也要有親友可以幫忙照顧，只要陣痛就要馬上去醫院，不能再做出這樣犯傻的行徑。

不知不覺中，我竟也圓了當年那個十六歲少女的夢，不僅當上了母親，甚至能像自己的媽媽一樣成為四寶媽，擁有了比什麼都珍貴的寶貝孩子。雖然知道生養孩子的辛苦，但過去媽媽的那份勇敢感染了我，讓我想要去承擔這份責任，因為我知道結果是幸福的，過程也很豐富、很快樂。

大家都說懷胎十月含辛茹苦，自然產更是要歷經與疼痛的搏鬥、耗盡體力，更別說我和媽媽同樣都生了四次！不過，在作為母親的這一路上，我發現最困難的，遠不僅止於

此，而是在於往後日子裡的陪伴與教養，要如何教導孩子成為善良、能對社會有所貢獻的人，每一件都勞心費神。

而在這段日子當中，我的四寶媽前輩，也就是偉大的白媽媽，總是給予我最大的支持，用她的言教、身教，讓我在為人母之路上得以學習成長，且不孤單。

媽，謝謝妳。

▌白媽媽是我的四寶媽前輩。

第一胎像震撼教育，
原來跟我想的不一樣

　　有句廣告台詞是這麼說的：「我是當媽媽以後，才開始學會怎麼當媽媽的。」曾經，我自信滿滿以為，自己不會是這個樣子，因為，我從很早以前就準備好了。

　　小時候，媽媽為了照顧我們四個孩子，沒辦法出去找工作，選擇在家裡幫人家托嬰。當時還在唸小學的我，跟前跟後，儼然是媽媽最得力的助手，餵奶、拍嗝、換尿布、洗澡加哄睡，做起來是駕輕就熟，什麼都難不倒我，所以我一直都覺得這些事情很簡單。

直到大女兒出生後，我才知道，一切都跟自己原本想的不一樣。

別人家的嬰兒白天托給保母，晚上終歸還是要帶回去自己照顧的。可是自己生下來的寶寶不一樣啊，我的孩子就是我的孩子，是一天二十四小時要掛在身上的；媽媽這份工作，沒有打卡下班的時間。

孩子還小，不會使用地球人的語言，半夜一個勁兒地哭，妳永遠不知道她在哭什麼，妳把所有的可能性都想過一輪：「尿布濕了嗎？肚子餓了想喝奶？肚子脹氣不舒服？」最後實在沒辦法了，只能抱著她一起哭。

每天都很挫折，又為自己的負面情緒感到自責，覺得自己什麼都做不好，簡直焦頭爛額。

　　餵母奶這關也讓我飽受折磨。原本想，母乳是媽媽給寶寶最珍貴的禮物，沒想到，脹奶的痛跟生產有得比，「石頭奶」引起的發燒更是家常便飯。

　　生大寶時，腳趾甲嵌進肉裡，硬是餵了半年，被醫生警告再不治療會變成蜂窩性組織炎；到了二寶，則是牙齒發炎，再痛我也不敢吃止痛藥。都是忍到最後，身體受不了，只好忍痛斷母奶。

　　以前看那些推廣母乳的宣傳海報，媽媽抱著 baby，享

受肌膚之親，一臉滿足地微笑著，那畫面多美多溫馨啊！

真的輪到自己「親身上陣」時，我超期待，結果被寶寶一口啃下去時，我眼淚痛到直接噴出來。這才知道，原來寶寶不是天生就會吸吮母乳，如果含乳姿勢不正確，媽媽甚至可能會被咬到破皮。不過，就算破皮，我也還是繼續餵母奶，苦不堪言。

生產後才發現，原來，照顧孩子真的不是只有吃喝拉撒睡這些表面而已。我更驚恐地意識到，自從孕育新生命的那一刻起，我沒有一個瞬間不是媽媽。於是，朋友約我出去玩的時候、工作找上門的時候，我在做任何決定之前都必須先想到：「孩子怎麼辦？」

身為一個二十歲出頭的小媽媽，自己都還有許多內心不夠成熟、不夠穩定的地方，同齡的朋友都還在遊戲人間，我卻已經要開始養育自己的寶寶。無論是照顧新生兒的挫敗感，還是突然被綁住的生活讓人覺得很憂鬱，這些情緒都因為沒有好好排解，找不到出口，在我心裡日漸堆積，更多負面的想法無限增生，被壓得喘不過氣。

　　就像許多夫妻一樣，在外面工作的，永遠覺得自己打拚最辛苦；在家裡帶孩子的，認為要是真有對方說得那麼輕鬆，要不換人顧看看嘛！也因此，在第一段婚姻當中就是不斷的爭執和拉扯，彼此都有許多怨懟。

　　回想起那些帶著孩子，還必須同時面對各種壓力的日

子，都讓我深深覺得，當初一心嚮往生兒育女，年紀輕輕就鼓起勇氣生下孩子的自己，實在太過天真。

尤其是當時還沒有穩定的經濟基礎，一邊衝刺事業，一邊照顧孩子，就像蠟燭兩頭燒，心力交瘁。再加上每天都在為了生活的柴米油鹽操煩，怎麼能有餘裕去了解孩子的需求？從方方面面照顧到他們的狀態？更談不上可以全心享受陪伴孩子成長。

當然，我不後悔自己曾做過的選擇，四個孩子都是我生命中的寶貝。

很多身邊的朋友會問我：「年輕的時候生孩子比較好？

還是成熟一點的時候？」我的答案是後者。雖然體力大不如前，但我認為，相較之下「心態」更為關鍵。

畢竟，每個孩子一生人格特質的養成、心靈健全的發展，甚至親子關係能夠緊密地連結，都在最一開始那幾年的黃金時期。

心智成熟穩定的父母，能夠像大樹一樣，成為孩子的依靠，讓他們從父母身上獲得足夠的愛、關心和滿足，我覺得這會是最重要的。

▎ 四個孩子都是我生命中的寶貝。

因爲這一幕，
我決定再重來一次

　　和東諺結婚後，二〇一九年生下了小斗宅，加上前一段婚姻的兩個女兒，我和東諺都有共識：「三個孩子已經是人生幸福的總和。」

　　直到那個再尋常不過的平日。兩個女兒當時都已經讀國一和小六，她們倆在房間裡嬉鬧著，整間屋子都聽得到女孩兒的笑聲。那股快樂的氛圍彷彿有股渲染力，就連在客廳滿地打滾搗蛋的斗宅也受到吸引，不時抬起頭來張望，想看看姊姊們在玩些什麼，圓滾滾的眼珠裡寫滿好奇。只是，年紀畢竟差得太多，也就只能看看而已。

在一旁的我和東諺，沒有錯過斗宅小臉蛋上一閃而逝的落寞神色，我倆看著對方，交換了一個眼神，馬上就有心知肚明的默契，隨即也心裡一揪：「開什麼玩笑？再生一個就是第四胎了！」但，我們都很希望讓斗宅也有年齡相近的弟弟妹妹可以作伴，長大的路上不至於孤單。

儘管我們有了放手一搏的勇氣，積極備孕，卻沒有在短時間內順利迎來第四胎。前前後後嘗試了半年，每次驗孕的心情就像洗三溫暖，發現沒懷上，總是既失望又有點鬆了一口氣，內心不斷在拔河。

我和東諺忍不住想：「是不是上帝沒有想再給我們一個孩子？加上那時的我也快要三十七歲了，或許應該設個停損

點，再沒有好消息就徹底斷了念頭？」

於是我們開始向上帝禱告，希望能在三個月內有好消息，如果沒有，我們也順服，不強求。

沒想到就在「截止日」前的最後一個月，驗到了兩條線。那一刻的心情，滿是感動。而且我們才剛確定要把女兒接回家同住，一個禮拜後朵拉就來報到了。因為我是一懷孕就會很不舒服、害喜非常嚴重的人，假如我在女兒回來之前先懷孕，難免會擔心自己能不能把她們照顧好，可能就會猶豫是否要讓女兒在此時回到我身邊。

我恍然大悟為什麼我們要等上這大半年，為的就是讓我

可以心無旁騖地接回女兒，有勇氣做出一家團圓的決定。我們很感謝第四胎來「敲門」的時間恰到好處，我和東諺為這個孩子取名為「朵拉」，有「上帝的禮物」涵義。

我們深深相信因為她的到來，使我們一家變得更圓滿。

▌ 小朵拉是上帝賜予我們的禮物。

四次孕期和生產，
就像四趟驚奇旅程

懷孕時，我的不適症狀非常嚴重，而且四胎都難以倖免，歷經了非常辛苦的過程。

還記得剛懷第一胎時，儘管滿懷著期待成為母親的興奮心情，但很快地就進入「孕吐」的大魔王關卡，粉碎所有對孕期的美好想像。每天，我的狀態就好像是個飽受宿醉之苦的人加上腸胃炎患者的綜合體，任何食物的味道，都讓我備感痛苦。明明人是待在房間裡，聞到外面廚房炒菜的油煙味，就嚴重反胃，連吞保健品都有噁心感，懷孕初期就瘦了五公斤，甚至必須靠打營養針來補充體力。

我這個人是美食主義者，本來吃飯就該是一件很療癒的事情啊！沒想到因為懷孕徹底影響了味覺，所有想吃的東西一旦送進口中，都和我預期的味道不一樣。

　　沒有辦法從飲食獲得治癒的能量，心情也一直開朗不起來，生活就像陷入一片愁雲慘霧，那段日子過得極灰暗，就連現在只要想起孕吐，始終有揮之不去的陰霾。

　　記得那時我在購物台擔任模特兒的工作。一到秋天，正是品嘗秋蟹的大好時節，購物台都會抓準了時機，推出一波又一波的大閘蟹促銷活動。因為我懷孕的關係，只要是食物相關的產品，主管都會盡量排我的班，讓我「只要吃東西就好」，至少可以不用來來回回地走秀，讓身體太勞累。

但是大閘蟹的腥味實在太重了。當時工作人員在攝影棚忙著張羅待會要錄製的畫面內容，現場瀰漫的蟹腥味，就已經讓坐在梳化間的我覺得噁心想吐。更別提正式拍攝的時候，我得在鏡頭前抓著大閘蟹，賣力演出自己有多想大啖這份美食的樣子。

　　當下我只能拚了命忍耐。只有攝影機鏡頭一從我身上移開，才敢放心嘔出來。

　　為此，很多朋友都很佩服我，明明第一胎有這麼不舒服的害喜經驗，一般人應該體驗一次就不敢了，怎麼我在那之後願意「接二連三」地懷孕，甚至還有了第四胎？我都說，給我勇氣的人不是靜茹（笑），而是同樣生了四個就吐了四次、症狀

比我更嚴重的白媽媽。在我的潛意識裡，好像已經認定「懷孕」和「害喜」是劃上等號的同一件事，默默接受了這一切。

　　所以，我每多生一個孩子，就多愛媽媽一點，現在是我愛白媽媽的全盛時期。因為親身經歷過，才知道媽媽是多勇敢，反覆承受這個歷程。我欽佩媽媽的勇氣，也希望自己能像她一樣，有足夠的能力來承載這份得來不易的幸福。

初產婦卻生龍活虎，被誤認成家屬

　　生第一胎的時候我才二十一歲，產後的恢復力驚人，再加上原本就很期待寶寶，心情很雀躍，生完休息十五分鐘我就下床走動了，像沒事一樣。可能是太過身手矯捷、行動自

如，讓人完全無法想像，眼前這個生龍活虎的女人，竟然沒多久前才生了個孩子，還一度有護理師把我誤認成來醫院探視的家屬。

因為生產過程出乎意料地順利，所以當媽媽打電話來，細細叮囑我晚上睡覺時要特別小心脹奶的時候，我其實沒有特別放在心上。結果凌晨三、四點突然一陣不舒服醒來，發現自己全身冒冷汗，往胸前一摸，硬邦邦的，這不就是傳說中的「石頭奶」嗎？

於是我趕緊三步併作兩步衝到護理站找救星，謝天謝地，寶寶剛好醒來，可以幫媽媽解圍。但我沒想到的是，一個剛出生的嬰兒能喝多少奶？他才吸不到五分鐘就吃飽了。

這下可好，寶寶宣告收工，隨即香甜睡去，我的危機還沒解除啊！護理師看我的脹奶未消，好心地指著擺在牆邊的一台自動吸乳器，建議我試試看。

　　她判斷初產婦一開始的泌乳量不會太多，就先遞了個空奶瓶給我，告訴我可能會吸不到什麼，但別氣餒，一開始都是這樣的。隔沒多久，等我再次走到護理師面前時，她以為我擠完了，沒想到我是要跟她拿第二個空瓶，因為第一瓶已經裝滿了，而且只吸一邊；乳牛體質認證。

　　年輕時收入有限，就想著省點錢，住的是健保補助的病房。通常在大家印象裡，哪個產婦生完後，不是一臉蒼白虛弱地躺在病床上，需要靜養的樣子，最怕這種三、四個人擠

43

同一間，吵吵鬧鬧的病房了。可是我完全不受影響，每天早上九點，護理師準時把寶寶推到我床前，看到的都是我精神百倍、迫不及待迎接寶寶的樣子，一臉寫著「快快快！快把我的寶貝抱過來」。

後來還有一段有趣的巧遇。

出道前，我開餐廳創業，有個員工的姊姊看到餐廳夥伴合影的照片，就指著我的臉問她妹妹說：「妳們老闆娘是不是姓白？」原來姊姊是護理師，讀護校時曾經到我生產的醫院實習，她對妹妹說，我是她看過最不像產婦的產婦。

護校學生實習的任務之一，就是在醫院開辦衛教課程，

邀請新手媽媽參加。可是那些剛生完孩子的媽媽都還累得只想待在床上，能躺就不要坐，根本乏人問津，就算去了，也只是應付一下的心情；只有我興致勃勃，每一堂都不缺席。

而且，我不僅全程參與，還坐在第一排，比誰都投入。他們在台上演短劇，我積極互動，只要來到有獎徵答環節，更是躍躍欲試地舉起手來，高喊：「選我！選我！」

那時的另一半忙著工作，從頭到尾，我都是一個人在醫院。很無聊嘛！所以一有活動，我當然不願意錯過。別的新手媽媽都有老公當小幫手，跟前跟後地陪伴著，只有我是每天自己顧寶寶。在那些護校學生眼中，明明我也只是個二十出頭的年輕小媽媽，做起這些照顧嬰兒的事情，卻像老手一

樣熟練，完全不用她們從旁協助，也難怪餐廳員工的姊姊在當時對我留下深刻印象。

戲劇化的生產一瞬間

有了第一胎的急產經驗，護理師提醒我，如果打算生第二胎，不可以再這樣慢慢走到醫院。所以懷第二胎待產時，一發現陣痛，不囉唆，馬上跳上車出發。到醫院時還是凌晨，我立刻跟護理師說自己是哪位醫師負責的產婦、我要生了，請她趕緊聯繫醫師。

跟同週數的孕婦比起來，我的肚子明顯小很多，看起來比較「藏肚」，乍看之下實在不像足月生產的孕婦，再加上

護理師應該見多了肚子一有動靜就六神無主的產婦，實際上根本還沒有要生，所以見怪不怪，她只慢條斯理地輕聲說：「媽媽妳不要緊張喔，來，我們先量血壓。」不管我再三跟她強調自己「真的」要生了，請她先打給我的主治醫師，護理師還是一派輕鬆，不疾不徐地說沒關係、她先幫我檢查看看。

結果一躺上檢查台，她只看一眼，立刻驚慌地轉身大喊：「那個誰誰誰趕快打給醫師！已經看到寶寶的頭了！」我聽了也是笑笑，內心想說：「妳看吧。」

那次經驗很特別，雖然已經是好幾年前的事了，那段畫面我仍記憶猶新。別人生孩子是旁人敲邊鼓猛喊「使勁啊」，我卻是在產台上死命地憋著，hold 住不能讓寶寶衝出來。

還好醫師住得很近，當他用最快的速度趕來產房，一邊急急忙忙地穿上手術隔離服，一邊忙不迭地連聲跟我說：「再忍耐一下、再一下！」好不容易等到他一坐定，喊出「現在可以用力了」，我像是如獲大赦般，深吸一口氣，向下用力，下一秒，寶寶就生出來了，那股迅雷不及掩耳之勢，可把現場所有人都震懾得倒退一大步。

　　前面兩胎自然產，因為生得很快，快到讓我來不及思考要不要打無痛分娩（「減痛分娩」的前身）。等到懷了斗宅，已經時隔十二年，當初生產的種種彷彿已是前塵往事。我不免擔心（媽媽總是想很多），畢竟先前生產時都沒打過無痛，如果這一針打下去，跟以前的產程會不會完全不一樣？我的身體是不是會因為這樣，反而不知道「該怎麼生孩子」？

既是如此，那好吧，這一胎我一樣不要施打任何減痛的藥劑！我雄心萬丈地做下決定。

　　斗宅是我和東諺的第一個孩子，我都笑說因為東諺以前是運動員，所以斗宅也比同週數的寶寶大隻，產檢照超音波時，總能看見他手長腳長的樣子。也因為這樣，每次胎動都很激烈，我半夜常常被肚子裡的小人踹醒，都會忍不住想對一旁的東諺生氣：「就是你的好兒子！」

　　這個小人兒的力氣有多大呢？生他的那一天，我就是睡到一半，被他用力一踢踢到破水，才會早產三個禮拜。不過，雖然還不到足月的週數，但斗宅的身長、體重都已經超出進度，如果再晚，反而也不好生。

一切都是上帝最好的安排。

到院後，醫師檢查確定是高位破水，此時萬事俱備，只欠產兆。還好斗宅沒有讓我們等太久，陣痛隨即而來。護理師立刻機靈地問我要不要打減痛，我趕忙回：「不用不用！我生很快！」兩個小時後，她再來問我，我也回她同樣答案。

再隔兩小時，護理師又問了我一次，這次她好心提醒我：「可是媽媽，這段時間妳才開半指喔！」

不管護理師如何好言相勸，我依然鐵了心覺得自己這次還是可以生很快，就這樣持續了幾次彷彿鬼打牆的對話，足足陣痛了八小時。

▌歷經八小時陣痛後終於生下斗宅。

　　撐到最後一刻，我終於把斗宅生了下來，護理師還跟東諺力讚說：「你老婆真的超強大，這年頭已經沒有人不打減痛生小孩了。」

產痛不再是不能承受之痛

　　到了小朵拉要出生的時候，情況又跟前面的哥哥姊姊們不一樣。原定的預產期，剛好落在東諺要到南部工作三個月的期間。考量到可以支援的人手有限，萬一到時一陣痛起來，家裡只有我和白媽媽兩個不會開車的人，豈不是慌了手腳？我們把這層難處說出來和醫師商量，醫師評估寶寶頭圍夠大、體重夠重，這才決定了提前兩週催生。

　　所以，第四胎的情境和前面三次截然不同。既然已經設定好這一天就是要去催生，事前我們有充裕的時間做好萬全的準備，把家裡大小事都安頓好了，再好整以暇地出門，開開心心到醫院準備迎接寶寶。也因為無法預期催生會讓產程

變得多長，所以，這一次我終於「甘願」打減痛。

從下午到醫院報到，到隔天下午生下朵拉，等於度過一整個晚上，前後加起來歷經二十幾個小時。看起來明明比前面三胎的時間來得長，我卻沒有覺得受到太多折磨，這一切都要歸功於減痛分娩，讓我這一胎生得很順利（讓我們為減痛分娩輕輕唱首歌）。

雖然我是一個很耐痛的人，但直到這一刻才有如大夢初醒般，懷疑自己之前到底在忍耐什麼？

以前對於減痛分娩，總是有很多「聽說」，例如打了減痛以後是不是容易腰痠背痛，或是有其他後遺症；其實，這

些說法並沒有直接的科學根據。減痛分娩是早在國外成熟發展的技術，大多數的產婦都可施打，而且一定是要經過產科醫師、麻醉醫師的評估後才執行，並不影響產程進展。

自己真正體驗過的感受是最實際的，我發現，減痛分娩的好處是可以讓產婦維持意識清醒，在過程當中很理性地接收醫師指令，充分合作，不至於因為過度恐懼陣痛而引發焦慮，甚至心理狀態潰堤。

因為打了減痛，讓我可以保持平靜，那個情緒的穩定度會讓自己很舒服、覺得自己很棒（幫自己按讚）。後來我逢人就推自然產搭配減痛分娩的「套餐」模式，讓產婦可以用很舒服的方式體驗生產。

生產的喜悅一定得經歷疼痛嗎？我想，「減痛分娩」的出現，提供女人另一種選擇，我們同樣能親身感受自然產的美好之處，卻未必要讓產痛成為生產的必經之路。

潛進水裡拍攝廣告，感受和孩子間的緊密連結

朋友都笑稱，斗宅和朵拉都是還沒出生就出道，陪媽媽完成了特別的任務。懷斗宅時，其實我正在進行一項很困難的工作。

每年，我都會籌劃拍攝公益月曆。那一年，因為看到好多海洋生物誤食垃圾而死，就把主題訂為「海洋保育」，想要呼籲大家應該好好愛護海洋，問問自己到底想要留下什麼

樣的世界給下一代？

　　企劃確定要執行後，負責水中攝影的導演要求我，要先學自由潛水及水肺潛水，而且必須在兩個月內考到證照，這樣才趕得上拍攝。因此我二話不說就去報名課程。

　　在大家眼中，我應該也算得上是多才多藝的藝人吧。為了工作需要，從跳舞、武術到唱歌，學過無數才藝，沒想到平生遇到最大的挑戰，竟然是潛水！

　　我本來是不太怕水的，但要憋一口氣潛到水底，在深深的水裡那種只能靠自己的感覺，真的很無助。雖然教練和專業團隊都在一旁戒護，但大海是瞬息萬變的，遇到什麼狀

況，只有當下的自己最清楚，必須好好觀察水面下和自己身體的變化，那個當下其實是非常孤單的。

拍攝時，身處於一堆廢棄物、保麗龍和塑膠碎片等海洋垃圾之中，一不小心就會被割傷或被絲線纏著，環境非常惡劣。回想起來，都覺得難以忍受。

拍攝最後一天一直想吐，本以為是暈船，直到工作結束後，才發現是因為懷孕了。原來，潛到海底十三米處的我，並不是如自己想像中那麼孤單。後來做產檢時，我跟醫師說自己才剛完成潛水的工作時，還把醫師給嚇壞了！還好檢查結果出來，斗宅還是安安穩穩地住在我的肚子裡，把我抓得緊緊的，一刻也沒有鬆手。

▎懷斗宅時潛水拍攝環保公益桌曆的經驗，讓我非常難忘。

PART 1. 成為幸福的四寶媽

59

帶球上陣拍電影，成了最難忘的演戲經驗

懷朵拉時，剛好是國片《影子背後》籌劃、選角期間，我收到了合作邀約。在與導演洽談時，便已深深被「琴醫師」一角所吸引，一來角色的人物層次非常豐富，有很多發揮空間，二來這部片屬於推理驚悚類型，過去我也沒有機會接觸過。我迫不及待地只用一天時間看完劇本，當天就點頭答應出演。

巧合的是，劇組找上門的當下，我還沒對外公開懷孕消息，本來擔心自己的狀態是否不適合進組，沒想到導演聽到後，反而喜出望外地說：「太好了！」原來這個角色的人物設定本來就是有孕在身，只是另有其他考量而改掉了，導

演得知眼前就有我這麼一個如假包換的孕婦，可以「本色出演」，趕緊選擇讓琴醫師「重新受孕」了。

很有意思的是，起初我以為琴醫師一角所刻劃的，是一個堅強的母親，和我自己的個性相去不遠，沒想到愈進入這個角色，愈發覺得她的內心世界錯綜複雜。她總是說「我不允許任何人傷害我的孩子」，任誰聽了，都會認為她是個深愛孩子的媽媽，隨著劇情推進，觀眾才會看見，在琴醫師打著「保護」大旗的行為背後，其實暗藏著她自私冷血的念頭，讓人不寒而慄。

過去在八點檔裡演的壞女人，哪個不是外放張揚？大剌剌地劈頭就罵、有仇必報，全天下都知道我恨誰、我愛誰，

我又想置誰於死地，幾乎只差沒有把「惡女」寫在臉上。但在這部電影裡，琴醫師個性中的「好」與「壞」卻不是那麼的絕對，反而有點曖昧，勾起很多人性面的探討，讓我非常著迷，揣摩起來，真的是過足了戲癮。

痕在影子背後的真相

我是不容許任何人傷害我的孩子

白家綺
Sabrina Pai

影子背後
IN THE
SHADOW
吳慷仁 蔡坤庭

▎懷孕時接演「琴醫師」一角,讓我過足戲癮。

接受孩子的每個階段，
成爲他們最好的陪伴

母親這個角色，讓我時時刻刻都有新的學習。

當年生下大女兒，新手媽媽上路，「手足無措」就是我的日常寫照。小寶寶不會說話，只會用哭泣來傳達自己生理和情感上的需求。光是一邊打理堆積如山的家務，一邊同時照顧寶寶，就讓我忙得不可開交。一煩躁起來就容易發脾氣，心裡忍不住怨懟寶寶，怎麼那麼難照顧。

直到這幾年，陸續有了斗宅和朵拉，必須同時兼顧工作，也要和白媽媽及老公輪流照顧孩子，漸漸明白，陪伴孩子最不可或缺的就是耐心。

當過父母的人對這樣的場景絕不陌生：寶寶身上就像裝了電池，精力旺盛，整天爬上爬下，好像都不需要休息，當大人都累得癱軟在沙發了，寶寶還坐在旁邊笑呵呵的，儼然是有著天使臉孔的小惡魔。這個畫面，光想就夠累人了，在我們家更是天天上演。

　　每次工作回家，我一定會關心多問幾句：「寶寶今天都還好嗎？妳累不累？」白媽媽總是一派輕鬆地笑著告訴我：「寶寶今天都挺好的！吃好，睡好，沒什麼狀況。」

　　聽到媽媽這樣說，我難免內心狐疑，自己的孩子我還不知道嗎？他們可是成天在家四處探險，三天兩頭打破東西，讓人片刻不得安寧的小皮蛋呢！後來只要一有空檔，我就從

旁慢慢觀察白媽媽和孩子們的互動，發現不管發生什麼突發狀況，她都能不慌不忙地應對，處理得有條不紊，就算斗宅或朵拉再調皮，也沒見她板起臉來生氣。

　　原來這些在我眼中的調皮搗蛋，對白媽媽而言，都只是孩子成長的必經過程。**在媽媽身上我學會了，學著「接受孩子的每個階段」。**

　　對啊，出生沒幾個月的小寶寶，食道下的括約肌還沒發育完全，加上寶寶的胃比較淺，經常會吐奶、溢奶，弄得到處都是，一天得換好幾套衣服或床單。

　　等到孩子再大一點，會爬會站會走了，在他們眼中，什

麼都新奇。我們常用 terrible two、horrible three（可怕的兩歲、恐怖的三歲）來形容兩、三歲幼兒，因為這個時期的孩子開始發展自我意識，他們往往會相當固執且要求很多，不容易適應環境，也等不及要拿到想要的東西，過程中難免磕磕碰碰，摔壞東西。

這些父母眼中的麻煩事，其實都再正常不過。

育兒，是一輩子的學習

朵拉還在我肚子裡的時候，也是斗宅開始對這個世界心生好奇的年紀。有一天，我特地挑了件漂亮的洋裝，準備出門談案子。沒想到吃早餐時，斗宅興匆匆跑了過來，短短

幾秒鐘，悲劇就發生了。因為小傢伙一看到桌上的咖啡杯，伸手就拿，小手一個沒抓穩，杯子掉在地上打破了不說，還把咖啡灑了我一身，白色洋裝當場遭殃，瞬間染上大片咖啡漬。

如果是以前，我可能會瞬間理智線斷裂，大喊：「斗宅！你是不是欠我揍。」但當下，耳邊響起某個聲音，提醒著我，其實這是孩子正在探索新奇事物，打翻咖啡、摔破東西，都不是他的錯。斗宅並沒有搞砸任何事情，也不是故意搗亂，是我們不夠小心，所以不需要對他生氣。

大多數的孩子都會經歷這個階段，父母可以做的，就是陪伴孩子，讓他們在可接受的範圍內獨立行事。有了父母的

幫助和理解，孩子學習到自制能力，進而獲得一種持久的自尊和善意。

在照顧小小孩勞心勞力的時候，常聽人說，等孩子再大一點就好了、以後就輕鬆了。不過我想這只是父母安慰自己的話，因為，孩子愈長愈大，煩惱卻不會愈來愈少。

孩子活蹦亂跳地添亂，你心浮氣躁；孩子病了，你又恨不得能代替他不舒服。常常被磨娘精折騰到沒有耐心，忍不住罵了孩子，看他哭得淚汪汪的，自己又後悔了，反覆想著「孩子還這麼小，我對他這麼兇，根本沒有解決問題」。逞一時之快，發洩完後卻更自責，難過得沒完沒了。

精力旺盛的小斗宅和妹妹小朵拉。

媽媽們一定都經歷過這種無限循環的情緒漩渦吧！箇中辛酸，真的只有自己嘗過才能體會。孩子哭鬧，父母要引導，孩子生氣，父母要理解他們的情緒所為何來；面對一切不理性的行為，父母都必須用更理性的態度去面對。

　　對父母來說，我們是孩子的陪伴者，陪伴他們的過程需要大量的自律與自我成長。

　　即便我已經升格成四寶媽，還是不斷在累積經驗，讓自己愈來愈能接受孩子在每個階段的表現，不論發生什麼事，我都會學習心平氣和面對。

　　天下父母心，我相信每對父母都很愛自己的孩子。然而再多的愛，也難免會因為日夜伴隨的照顧壓力，而感到負擔。

說出來不怕大家笑，光是聽斗宅每天喊兩百次以上的「把鼻！馬迷！」我內心都會小小的瀕臨崩潰。

　　不過，孩子不是只有睡著才像天使，也不是只有聽話才可愛，半夜不睡覺、鬧脾氣、不想吃飯……，這些失控的場面，其實都是陪伴孩子成長的必經過程，不妨換個角度來欣賞。這麼一想，原本覺得辛苦煩心的事，都能化作幸福甜蜜的負擔（手比愛心）。

　　入夜後，孩子恬靜的睡顏，我沒有看膩的一天。感謝上帝，我們始終在彼此身邊。

　　各位爸爸媽媽，辛苦了！我們一起繼續加油！

陪玩真的很耗體力，
多虧了我們家的超
人把拔。

73

Chapter 2

從「心」開始，
重新相信愛

常有人問我，為什麼選擇東諺？很少人知道他
陪著我走過一段連滾帶爬的日子，陪著我一起
慢慢修復那些我曾經受過的傷；再沒有第二個
人可以做到了，就只有他。夜裡醒來，看著睡
在身邊的東諺，總有滿滿的感謝與感動，湧上
心頭。雖然生活中還是會有很多難關，會有很
多低落的時候，可是有他在，我就不害怕。

拒人千里外，
不再相信愛情

　　都說「相愛容易相處難」，但對於結束前一段婚姻、內心傷痕累累的我而言，早早就不再相信愛了。

　　和東諺的初相遇，是在《我的老師叫小賀》這部戲裡。還沒開拍前，就有一些朋友拜託我好好照顧他。所以一進劇組，我自然而然地跟他打了招呼、互留聯絡方式。一開始，我只是單純把他當成演藝圈的後輩，很大方地跟他說有什麼工作上的問題都可以找我討論，他也很積極地向我請益一些表演的技巧。

聊著聊著，發現彼此滿談得來。過了一陣子，我發現這個「朋友」變得有點不太一樣了。

有天收工打開手機訊息，東諺傳來一段自彈自唱的影片，原來是他寫了一首歌要送給我。明明是這麼浪漫的告白，但當時的我聽完卻絲毫不動心，只乾脆俐落地問他一句：「我們不能只當朋友就好嗎？」

畢竟，他年紀比我小，我只把他當成弟弟，壓根兒沒想過把他納入「另一半」的名單裡。再說，我的心智年齡本來就比同齡的女生們成熟，何況是一個小五歲的男生？更別提我結過婚、有兩個孩子，我得考慮的現實生活層面，比一般人多更多。東諺怎麼可能會適合我？我覺得他根本搞不清楚狀況。

那個時候，我把自己活得像是個只會賺錢的機器人，很理性地看待男女關係，把東諺劃在「對我未來沒有幫助的人」那邊。

　　不然，光靠愛情能餵飽全家嗎？我白家綺沒有本錢浪費時間談戀愛。

　　沒想到東諺毫不氣餒，發揮驚人的毅力展開追求。甚至在還沒追到我之前，就把我的英文名字縮寫刺青在手腕上，他說真的是用到「沒招」。後來回想起當初這段歷程，東諺甚至比喻，當初被我拒絕的次數，比他過生日的次數還多，而他當時是二十七歲（笑）！

我一直都不喜歡曖昧不明的態度，也不想占人便宜，既然我不希望東諺繼續執著在我身上，只有一而再，再而三地明確拒絕。那時也顧不上會傷人多深，狠話說盡，包括：「我不是你這個水平可以追的」、「這輩子我都不可能愛上你」，最後撂下一句：「你不要再來煩我，這樣下去，我們連朋友都做不成。」

　　他真的消失了。

　　一、兩個月的時間過去，東諺就像是人間蒸發般，再沒有任何消息，我突然覺得不太對勁，「該不會真的出什麼事了吧？」基於擔心，我忍不住傳了封訊息問東諺：「你還好嗎？」才又重新聯絡上，恢復成我自認為「健康」的朋友關

係；但我心裡知道，經過了前面這段期間的沉澱，我的心態上開始有些不一樣。

反覆地問自己，屏除一切外在的現實考量，他這麼努力追求我，我為什麼要不由分說地直接說一個「不」字呢？

會不會我的拒絕，並不是真心抗拒他，只是深怕重蹈覆轍？只是不願意再一次相信愛情？

難道，受過一次傷，就再也沒有得到幸福的權利嗎？

兩個女兒是最佳神助攻

　　那時候還沒有跟兩個女兒住在一起，講電話聊天時，我隨口問她們有沒有看媽媽最近的新戲，女兒秒答：「每天都看。」好奇接著問她們最喜歡的演員，本以為答案應該會是我（很合理吧）或男女主角，沒想到她們異口同聲說是東諺。

　　為了讓兩個小迷妹一圓追星夢，我跟女兒們約定好，如果下次考試考好，媽媽就約東諺叔叔出來和她們吃飯。

　　沒想到一頓飯的工夫，兩個女兒完全被收服，猛喊：「好喜歡東東叔叔！」

甚至第二次見面時，就直接詢問東諺：「東東叔叔，你結婚了嗎？」自此之後，只要我一出現，她們下一句就會問：「東東叔叔有來嗎？」

　　東諺是真的很喜歡孩子，對她們很有耐心。逢年過節，只要他送我禮物，一定都準備三份，連兩個女兒的都不落下，他就是如此貼心。

　　或許就是在這些點點滴滴當中，慢慢地累積了東諺在我生命裡的存在感，他已經翩然走進我的心底。

兩個女兒成為我和東諺間的神助攻。

會怕還是去做，
才叫勇敢

　　和東諺攜手走過的路，印證了一顆在愛裡受過傷的心是如何被修復，如何相信自己是值得被愛的，也能擁有再去愛人的力量。

　　在追求我的過程中，東諺都非常尊重我，他始終是那麼謙謙君子，像個紳士般，不會做出任何踰矩或讓我不舒服的舉動。在一次聚餐後，他「照例」堅持要送我回家。那天晚上，兩個人都小酌了數杯，可能是幾分酒精催化，顯得有些離情依依，也或許是藉著幾分酒意壯膽，就在我要轉身離去時，東諺從後面一把抱住了我。

那個瞬間，彷彿四周的空氣都凝結了，加速的心跳就像是回應我一直以來的言不由衷。我知道，無論自己再如何鐵石心腸，都早已被東諺種種貼心的舉動給軟化，他對我的愛，讓我重新看見自己的價值；我想要再為自己勇敢一次。

　　身為女人，我們應該更自信，更昂首闊步地迎向人生，當愛情來臨時，鼓起勇氣去愛。

　　抱著這份心情，我終於點頭答應試著交往看看，東諺自然是欣喜若狂。只是當時我們都沒想到的是，在此之前探測彼此心意的來回拉扯，還不是最折磨人的，真正的考驗，是決定在一起之後才開始。

　　因為，當時的我，打從心裡沒有真的接受這段關係。

PART 2. 從「心」開始，重新相信愛

演一個連自己都討厭的人

答應交往之後我就有點後悔，也對於可能衍生的問題有非常多擔憂。

比如當時在合演的戲裡，我演老師，他演學生，為了忠於劇情呈現，光是視覺上營造的年齡差就十幾歲了，萬一戀情曝光，「白家綺戀上小鮮肉」、「愛苗延伸到戲外！白家綺驚傳師生戀」……，媒體會怎麼下各種聳動的標題，我彷彿都可以預想得到，光想就怕。

所以，雖然應允了交往，我卻恨不得趕快分道揚鑣，甚至甘願犯全天下情侶談戀愛的大忌，動不動就提分手。

兩個人在一起，總有意見不合的時候，如果東諺想要扭轉我的想法，我立刻就會反射性地抵抗，警告他別想改變我，而且態度非常強硬，絲毫沒有妥協空間。所有事情我都是雙重標準，比方說，東諺不可以跟異性朋友單獨出去，但我就可以，而且只簡單交代一句「因為對方是我認識多年的朋友」。

　　我知道很不公平，但我一步都不願意退讓，如果他想要溝通，我總是雙手一攤地對東諺說：「我白家綺就是這樣的人，你要嘛接受，不然就分手。」最後他也只好妥協。

　　一般人談戀愛，都是想表現出自己最好的一面給對方看，對吧？但我恰恰相反。只要一吵架或發生任何的摩擦，

我就會立刻表現出一副「你看吧！我們兩個在一起就是會不開心」、「我不是你想像中的那種女生」的態度，試圖用各種傷人的話語，讓他知難而退。

　　明明我的本性不是這樣的。在那個過程中，其實我就是在演一個「連自己都討厭的人」。

　　我的心情是非常矛盾的，明明看見了東諺的付出，又深怕這份愛會不會下一刻就變質？悲觀地自怨自艾，心想與其之後愛得愈多、傷得愈重，倒不如趁自己還沒有陷得那麼深的時候提前結束。

　　這麼不健康的互動，長久下來難免失衡，即使是東諺一

次又一次的忍讓，也不可能護得兩人關係長久周全。

在一次激烈的爭執中，我又不假思索地脫口而出「分手」二字。那時東諺原本背對著我，蹲在抽屜前要拿東西，聽到我的話，他動作頓了頓，緩緩回過頭來看著我。

東諺說：「好啊。」

劇本怎麼跟以前都不一樣？當下我整個人瞬間空掉，就像是黑暗場景中，跌坐在舞台上，只有一束光打在我身上的悲劇角色。可我能說一個「不」字嗎？不管心裡覺得再難過、再不能接受，但三天兩頭就耍性子提分手的人分明是我，怎麼能自己打臉呢？

一路走來，我們一起面對了許多困難。

只能佯裝不在乎。結果就是，我們都過了一個很煎熬的晚上。

　　隔天，東諺立刻來跟我道歉。他說自己一覺醒來只覺得後悔萬分，氣惱自己怎麼會這麼衝動地同意分手。他只要想到這段感情一路走來是多麼不容易，而自己卻輕易要放棄，就覺得不值得。

　　「而且，我也不想要再放妳一個人。」當時東諺是那麼深情地說出這句話，他說實在不希望再看到我反覆懷疑自己不值得被愛。

　　想到自己屢屢在感情裡面太過任性，其實我心裡對他

也充滿了愧疚。明明知道該做出改變的人是自己，但我始終跨不出那一步。如果沒有東諺的開導，我想光憑我自己一個人，是做不到的。

人生不是這樣計算的

我一直認為，自己不是眼高於頂的女生，也不愛慕虛榮、貪圖拜金。在認識東諺以前，雖然有好一段時間都沒有對象，但當時我只覺得，只是還沒有遇到「我喜歡他，而他剛好也喜歡我」的那個人。

可是等到東諺出現的時候，心裡第一個冒出來的想法是年紀比我小，一定不夠成熟；論起演藝圈的資歷、名氣，都跟我

有一大段差距；再加上他朋友很多，玩心較重；反正我就是用很世俗的標準在打量他，怎麼看都覺得這個人配不上我。

即便同意交往，這段關係在一開始就是女尊男卑，我總是盛氣凌人，身邊的朋友形容，我連「跟助理講話的語氣都比對東諺還溫柔」。

其實，我只是在虛張聲勢，我太害怕了，我必須保護自己。上一段婚姻的創傷，彷彿成為人生的緊箍咒，讓我對愛情不再抱半分期待，甚至我早早就認定，不會再有別人進入我的生命裡，我已經不相信自己會得到幸福。

東諺一次次的示好，用盡心思想要讓我知道，他會毫無

保留地愛我，也願意承諾未來，甚至，每個月他都會開口求婚。可我還是永無止境地潑他冷水，冷冷地告訴他：「別哄我，我不是二十幾歲的年輕小女生，沒那麼容易暈船。」

因為我不是只照顧好自己就好，在我背後有一大家子要養。我甚至把家用、保險這些日常開銷攤開來一筆一筆算給他看，一個月不吃不喝就要花那麼多錢，賺得到這個數字再來談結婚。用很現實的眼光來看，我根本不覺得東諺有能力撐起一個家，負擔得起我們未來的生活。

直到後來有了信仰，我才意識到，人生不是這樣算的。**如果他真的是那個願意陪我走下去的人，路上再多風雨，我們可以一起承擔。**

我終於找到願意抓緊我的那一雙手。

內心被治癒後，
終於能重新開始

　　為了突破交往以來屢有衝突的僵局，東諺使出殺手鐧：即使他並不是基督徒，但他開始帶著我禱告。

　　有天他突然開口問我：「家綺，妳小時候去教會，都是怎麼禱告的？」我知道，他想藉由信仰的力量，修補我們之間的裂痕。剛開始，我很不以為然，因為我認為他不過是病急亂投醫，想要姑且一試。我沒好氣地教他怎麼進行，心裡壓根兒不相信這樣做能夠帶來什麼改變。

　　可是東諺真的很有毅力，他每天都和我一起禱告，無一日間斷。

不過是想找個「好好愛我的人」

禱告時，東諺總是不厭其煩地重複說著，希望我們倆可以走進一段好的關係，希望他自己可以成為照顧我的人，希望他能扛起這個家庭的所有責任，希望在我三十五歲之前，能生下屬於我們的孩子。

剛開始，我實在沒什麼感覺（夠鐵石心腸了吧），直到有一天，我聽見一個聲音對我說：「白家綺，妳不就是想要找個人好好愛妳嗎？」

回憶瞬間翻湧。我的心緒頓時被拉回結束上一段婚姻的一個場景。

二十幾歲的我，喝得酩酊大醉，不敢讓孩子聽到媽媽的哭聲，只好躲進廁所，屈膝縮在角落，雙手環抱著自己，哭喊著：「我只是想要一個人好好愛我，就這麼難嗎？」許多年來在家人、朋友間扮演的女強人角色，好像瞬間被擊垮，那一刻，我才發覺自己有多麼脆弱。

　　我也只是一個渴望被愛、被疼惜的女人，尋求在伴侶身上找到依靠，不管外面如何颱風下雨，都能有個溫暖的港灣；只可惜，在那段婚姻裡，我的心願終究是落空了。

　　也因為這樣，我把自己封閉起來，不斷將所有對我好的人往外推，不敢輕易地把自己交出去。即使東諺一直用超乎想像的耐心包容著我、癡心等候，我也沒能回應對等的信任與關心。

那個心裡的聲音，就像是一個提醒，原來我看待這段關係的角度是錯的，如果一直用這樣的方式與他人相處，我一輩子都無法真正學會愛人與被愛。

還是，我們不要有自己的孩子？

持續禱告一年後，有一天東諺開車時突然開口說：「我想了想，我們還是不要生孩子好了，有兩個女兒，我已經很滿足了。」聽到這些話，我以為自己會鬆口氣，沒想到，我卻情緒潰堤了。

因為，我知道東諺非常想要有自己的孩子。

東諺的爸爸是快四十歲時才有了他，父子倆感情很要好，他時不時就會問爸爸，是不是很想抱孫子？爸爸總是一派輕鬆回他：「沒事，你過好自己的生活就好。」

　　有陣子臉書流行一個小遊戲，是要「來猜猜你多了解這個人」。有一天東諺剛好滑到爸爸的帳號，他信心滿滿點了進去，飛速答了前面幾題都順利通關，直到有一題問：「如果有一台時光機，你想回到過去看看帥氣的自己，還是飛到未來看你的孫子？」

　　爸爸年輕時很帥，也很懂得打理自己，所以東諺毫不猶豫地選擇前面的選項；沒想到臉書跳出提示：「答錯了。」臉書的心理測驗，洩漏了爸爸的心聲，他好想要抱抱孫子，

只是在我們面前總是隻字不提。

　　所以，東諺一直都很希望能在爸爸還健康的時候，讓長輩享受天倫之樂，這個我是知道的。當他說出「我們可以不要生孩子」，我看到的是眼前這個人明明這麼渴望有家庭、有自己的孩子，想讓爸爸抱孫子，但為了和我在一起，為了不要讓我有壓力、有負擔，他寧可放棄自己的渴望。

　　聽到這句話的當下，對我也是重重一擊，內心千迴百轉。過了良久，我才咀嚼出心裡那股莫名的情緒，叫做「心疼」。

　　東諺大可以選擇和他年齡相仿、背景相似的女孩子，

盡情揮霍屬於他們的青春，一步步規劃結婚、生子，完成他的人生目標清單。可是我眼前的這個人，卻為了我而不顧一切，我還有什麼好挑剔、好怕的？

每次參加親友婚禮，我都會被現場氛圍感染，落下眼淚。走在紅毯那一天，誰不是對婚姻滿懷盼望，相信彼此會攜手終生，白頭偕老。

我自己也經歷過一段幸福的日子，**但若是心裡的傷沒有被治癒，就很難真正重新開始**。如果不是東諺帶著這麼堅定的信心和義無反顧的愛，以超乎想像的程度接納我的一切，我根本沒有辦法走得出來。

封閉已久的心扉，終於漸漸敞開。

現在我們每天都一起禱告。

不要怕爭吵，
重點是怎麼和好

　　成為基督徒後，我和東諺也不是那種絕不吵架的伴侶。
哪對夫妻不吵？生活中有太多大大小小的事，都可以成為一
觸即發的導火線。所以，重點不在於有沒有爭吵，而是吵架
後如何修復關係、言歸於好。

　　我們都知道，吵架是因為「公說公有理，婆說婆有理」，
只要雙方各執一詞，都認為自己才是對的，非得爭出一個輸
贏，自然無法得到共識。特別是在那個情境下，人很容易意
氣用事，理智斷線，說出來的每一句話都傷人。

一方先從指責開始，另一方自然想為自己辯解，於是一個說：「做錯就做錯，你還狡辯！」另一個則回：「你在大聲什麼啦！」一發不可收拾。

我和東諺有個默契，有情緒的時候，我們會一起禱告。應該說，他總會帶著我禱告。

禱告的好處是，我們是在跟神說話，就不需要在氣頭上逼著自己向對方開口，省得沒幾句好話，硬碰硬只是把氣氛弄得更糟。在禱告的情境下，人比較容易放下內心成見，真誠面對自己，反省是否可以做得更好。當另一半從旁聽到這些內容，自然也能感受到你的真心，原本僵持不下的局面自然而然破冰，無形之中也就修復了彼此關係。

真正的感情，不是一輩子不吵架，而是吵了架還能一輩子。

每對夫妻間，都需要保險絲

經營家庭生活很容易有個盲點，就是分「你」跟「我」，家用誰要拿多少出來、孩子哭了誰要抱、今天輪到誰去丟垃圾……，樁樁件件都要分得清清楚楚，誰都不想吃虧，更不想被別人占了便宜。所以，每當遇到事情，往往變成兩個人只顧著你推我、我拉你，沒有人真的站出來解決問題。

信仰改變了我們很多，讓我們看清楚在婚姻裡，夫妻應該要站在同一陣線，去克服紛至沓來的挑戰。

我們應該是彼此扶持的「隊友」，而不是互相拚搏、非要分出輸贏的「對手」。

只不過，感情這種事走久了，難免磕磕碰碰。尤其夫妻是彼此生命當中最親近的人，甜蜜有時，摩擦有時，往往只是因為一句不經意的玩笑話，或者一個眼神、一個動作不對盤，變成卡在心裡的一根刺，星火燎原，吵得不可收拾。

　　這個時候，最好能有一個人適時地提醒另一個人，用對方可以接受的態度，把這個局面挽救回來。

　　例如，有時我發現東諺狀態不是很好、做事情毛毛躁躁的，我不會劈頭就責怪他，而是換個方式，用比較撒嬌的語氣給他一些建議；又或是東諺察覺到我正心煩意亂的時候，他也不會忙著下指導棋，相反的，他會體貼地把孩子帶開，留給我一個安靜的空間獨處，整理好心情。

這份「多為對方著想」的小心思，就像是夫妻關係的保險絲，適時發揮作用，減少擦槍走火的可能。讓我們更懂得怎麼安撫對方，不再互相踩雷。

給自己一個被照顧的機會

有很長一段時間，我接演的八點檔剛好都是富家千金的角色，儼然女王般的霸道、強勢風格，人設跟我下戲後的真實人生毫無違和；這也反映在我和東諺的相處上。

當只有我們兩個在一起時，很明顯我就是那個主導一切的人。因為把照顧所有人的責任都扛在肩上，已經是我太習以為常的事，所以我最相信的人只有自己。我不想要把生

命託付在另一個人身上，我拚了命地賺錢，就是不想倚靠別人。我，白家綺，一個人就可以做得很好。

但這樣的我，好累。

一直以來，我都表現得十分剛硬、處處強調自己的能力。我張牙舞爪，對人充滿戒備，讓別人無法走近我身邊；我渾身帶刺，就算有人想把我捧在手心呵護，反而會弄傷了自己。

直到在一次夫妻小組的聚會當中，聆聽現場許多夫妻分享各自的故事，我才像是被突然點醒般，幡然醒悟。

原來，我劃下的界線，會讓親近的人手足無措，不知道該怎樣疼愛我。我讓自己高高在上，對伴侶頤指氣使，不相信任何人有照顧我的能力，再來抱怨為什麼自己這麼累，這不是很矛盾嗎？說到底，我的不快樂、疲憊和辛苦，都是自己一手造成。

　　對習慣獨立堅強的我而言，欣然接受自己「被照顧」的樣子，也是需要練習的。如果我渴望被疼愛，必須學著尊重我的丈夫。

　　那天的覺醒，不啻是我和東諺關係翻轉的契機。除了嘗試讓自己變得柔軟，我也學著以更體貼的心意去對待家中成員。東諺都笑說：「上帝幫我換了一個老婆。」

懂得感謝，就懂得珍惜

以前，東諺為了這個家、為了全家人的各種付出，我幾乎視而不見，心想既然養家的開銷我負擔得多，家事庶務自然是他要多擔待，不管他做得再多、再好，我也吝於說出半個謝字。

可是婚姻不能、也不應該這麼「理所當然」。

就像是當我隔天有重要工作時，前一晚東諺會自己帶著兒子睡在另一間房，等起床後，再把兒子抱到我身邊撒撒嬌、道早安，讓我一早就有甜蜜的元氣。如果在過去，我可能只一心想著時間來不及了，得趕緊化妝弄頭髮，而不自覺

擺起臉色或草草應付他們，根本沒有發現東諺的貼心安排，多沒情趣。

換作是現在的我，寧可早起一點，好有充裕的時間，給孩子們和老公一個早安吻，並擁抱彼此，再一起吃早餐。我和東諺都開始常把感謝、稱讚的話掛在嘴邊，給予彼此更多善意的回饋。

當付出獲得肯定，就不會再覺得受到委屈。

我們倆從此建立了共識，深知彼此對對方而言都是最重要的，少了誰都不行。

東諺還有個很 sweet 的小舉動，每晚入睡前，他都會對我說：「我明天會更愛妳。」後來他把這句話「改版」成英文的「I will love you more tomorrow.」說聽起來比較浪漫。慢慢演變成我們輪流唸出單字，接力把這句話講完，「愛的接龍」成了我們固定的睡前儀式。不管那天有什麼口角或不快，都能在這段對話中煙消雲散。

　　幸福不會一次到位。從交往到進入婚姻，我和東諺不斷在調整相處的模式，非常努力地向彼此靠近，一路來到了這裡，我們之間的關係才變得健康舒服，什麼事情都能和對方分享。

走過那段心裡黑暗得沒有半點光亮的日子，我終於願意重新相信，王子與公主從此過著幸福快樂的日子，不只是童話裡的故事。

▌彼此包容、相互理解，才是最好的關係。

115

每一段過去都是
未來的養分，成就現在的我

　　「離過婚」、「二寶媽」的身分，在我出道時就已經不是祕密，我從來不避諱去談這些事情，也沒有想要刻意隱瞞，那的的確確是我真實的過去，半點不假。

　　最常被問到的，就是我有沒有後悔過踏入前一段婚姻。不管回答幾次，我的答案都是「沒有」。因為經歷了那麼多風雨之後，我深深明白，過去所有，成就現在的我。眼前我所擁有的一切，都不是偶然，而是奠基於漫漫人生歲月中，每一個發生過的「曾經」。

當然，過去有很多事情是令人感到辛苦的，而要割捨一段關係，任誰都會痛苦不堪。我不能否認那段日子裡，每個人都受了傷，我也是一樣，需要漫長時間，一一撫平傷痕。

　　很多夫妻在結束婚姻關係的當下，往往不甘心自己這些年來的付出，都會覺得要討個公道，或要對方給出個交代。雙方僵持不下，談不攏甚至撕破臉的，也是大有人在，已經破鏡難圓的家庭，又摔得粉碎。難道這樣就值得嗎？

　　剛離婚時，很多身邊的朋友都比我這個當事人還生氣，紛紛為我抱不平。因為在他們眼中，我是用很不合理的方式在處理當時的狀況，不僅二話不說幫忙分攤一半債務，還主動每個月寄錢回去，當作貼補對方照顧孩子的生活費。他們

都說：「家綺，妳真的太傻了。」

其實，我只是希望雖然分手，仍能好聚好散、溫柔待人。只要兩邊的家人維持良好關係、不口出惡言，即使兩個女兒一開始沒能跟我同住，也不至於在另一個家聽到什麼閒言閒語，徒增傷心與誤會。

所以，我很感激自己當初的決定，也謝謝前夫家庭對於孩子的細心照顧，如果不是經歷過這一切，這麼棒的兩個大女兒怎麼會來到我的身邊！

我始終相信一句話：「**後悔，只是在否定自己過去的決定。**」所以，對我而言，每一個當下的決定，都是那時的自

己所能做出的最好抉擇。

與其懊悔，不如想想，當初所選，是否為現在的自己帶來更不同的人生視野。

二十幾歲時，我和前夫一同創業開餐廳，二○○七年時遇到金融風暴，咬牙苦撐一年多後，每個月都賠三十至五十萬。最後餐廳倒閉，債務則累積至六百萬元之多，把我的財務狀況推落深淵，婚姻也走到了盡頭。

對青春正盛、人生才正要振翅飛翔的我來說，那筆負債無疑是毀天滅地般的巨大災難，但換個角度來看，卻也讓我從此踏上截然不同的人生道路。

如果沒有離婚、沒有負債，我不會為了還債進演藝圈，也不會有這麼強大的動力去耕耘自己的事業，可能就不會和東諺相遇，也不會有現在的幸福。

就像宋逸民牧師說的：「向前走迷迷糊糊，回頭看清清楚楚。」把過去種種，當成未來的養分，才能活出更好的自己。

回頭看會發現，當你選擇用善良面對世界，會有更多更美好的善意回到你的身上。

PART 2. 從「心」開始，重新相信愛

Chapter 3

用理解與包容
經營家庭

在這世上，最能傷人同時也最能療癒人的，就
是話語。我心心念念和家裡每一個成員分享
的，就是在這個家，每一句話我們都要好好
說。當察覺到家人在對彼此表達愛意的時候，
我們也要不吝惜地加倍回應彼此，將這份美好
的時刻延續下去。

再組家庭細節多，
每句話都要好好說

　　很多人都說：「哇，家綺跟東諺過得好幸福喔！」甚至還有些朋友，可能他現在追求的對象也帶著前一段婚姻的孩子，有了我們的例子，讓他覺得這件事情好像挺容易的；但只有我們深知，我們做了多少努力，付出多少代價，才擁有了今天這一切。

　　幸福，絕對不是那麼理所當然。

　　我的大女兒和二女兒都很喜歡東諺，在我還沒和東諺結婚前，只要跟女兒們碰面，她們總會多問一句：「等一下東

東叔叔會來嗎？」平時聊天也都是「東東叔叔」長、「東東叔叔」短的，東諺對她們也非常有耐心。他們三人能夠處得這麼融洽，讓我非常安心。

但沒想到，當我們決定要進入婚姻，我告訴兩個女兒：「媽媽要和東東叔叔結婚了！」她們第一時間的反應卻是哭了出來，而且情緒潰堤，怎麼安撫都沒用。其實孩子也說不清自己真實的心情，直到後來我把女兒接來同住，才慢慢地透過一次次的對話抽絲剝繭，反覆推敲出她們的想法。

就像經典電影《天生一對》裡，演的是雙胞胎女兒想方設法，促成已離異的父母再度復合的故事，我想孩子的心裡始終都有一個期待，爸爸媽媽有一天可以再在一起，孩子對

125

父母的愛是一樣的，她們的小小心思就是這麼簡單真實。

　　二女兒最早搬過來跟我們住，過沒多久，我就懷了朵拉。我還記得，當我們在車上跟她宣布這個「好消息」時，她看看東諺，又看看我，一臉不知該作何反應的表情。後來我才意識到，她當下的不安，是來自對於現狀改變的擔憂與害怕。

　　她心裡可能想著：「當媽媽選擇組織一個新的家庭，可能會有新的孩子，陪伴我們的時間會不會又變得更少？」所以，我知道這不只是大人的事，關於這個家的每一件事，其實都在孩子心裡造成很多衝擊。身為父母，如果我們沒有仔細關照孩子的內心狀態，他就只能自己默默消化承受，那有

多不健康啊！當他帶著這個始終沒有癒合的傷口，走向人生的下一個階段，要如何面對自己的感情？好好經營自己的婚姻和家庭？

　　現在社會上的家庭組成有愈來愈多型態，單親家庭、多元家庭，或是像我們這樣的重組家庭，大家可能已覺得稀鬆平常，卻不知道其實這裡頭的心路歷程，真的是波濤洶湧。有很多的細節是我們一開始不曾想過的，直到身歷其中，才知道原來這麼不容易。

　　連說一句話都很難，真的。

從細微處照顧每個人的心情

有一天，斗宅拿著遙控器就往姊姊的頭上打，姊姊現在
是大孩子了，她當然不會跟弟弟計較，但當場目睹的我，能
不說句公道話嗎？正要好好指責斗宅的時候，他馬上先哭天
搶地起來。東諺聽到聲響趕來，斗宅一看到爸爸就想衝過去
撒嬌，我伸手要攔，結果斗宅被我絆倒，摔了一跤。東諺看
到兒子摔倒，氣急敗壞對著我喊：「妳在幹嘛！」

那個當下，大女兒把這一切看在眼裡，心裡作何感想？

還有一次，朋友來家裡吃飯，聊天時，朋友提到自己最
大的孩子跟最小的年紀也差很多，大女兒追問差幾歲，東諺

說應該差了七、八歲吧！她說那也還好啊，她跟斗宅差了十幾歲。東諺就很自然地接話說：「那不一樣啊，因為妳跟斗宅是來自兩個不同的家庭啊！」

那時我剛好離開座位，沒聽到這段對話，我一回來，就發現女兒神色有異，但當著客人的面，怎麼問都問不出個所以然，眼淚卻已經在眼眶打轉。我想這樣不行，立刻把女兒帶到外面聊，她才哭著告訴我剛才那番對話，讓她覺得自己被劃在圈圈外面。

聽完這一串，我心裡警鈴大作，立刻跟女兒解釋，東東叔叔會這樣講，並不是她理解的那個意思，而是因為大家都知道，我們家的狀況就是這樣，而且東東叔叔也是在這樣的

家庭長大，他也經歷過妳所經歷的。

我也告訴她，未來一定還有機會聊到類似的話題，不可能每次一講，大家就噤聲避而不談，我們自己要先用健康的心態接受跟看待，我們就是一個重組家庭。上帝把我們放在一起，成為一家人，我們要學習彼此相愛，不分妳我。而且，媽媽跟東諺叔叔也不會因此少愛她們一點，這是兩個女兒都很清楚知道的。

家人間就算爭吵，也不口出惡言

有一次跟女兒一起在家下廚煮飯時，她告訴我，雖然我在她們倆面前，不會和斗宅及朵拉表現得很親密的樣子，但

她就是覺得有哪裡不一樣。女兒一講，我才發現，原來自己
有刻意這樣做。

　　畢竟，我不能夠要求東諺不要太愛斗宅和朵拉嘛，他又
是那麼愛孩子的人，會想要經常抱抱孩子、哄哄孩子，那都
是為人父母的天性。既然這樣，我就會把關注力放在兩個比
較大的女兒身上，經常特別找她們聊天，這似乎是我下意識
地想要在家庭的互動關係裡，拉出一個平衡。

　　我的這份用心，女兒感受到了，但她堅持，還是不一樣。
我左思右想，到底差在哪？女兒說，我們在跟斗宅說話時都
很輕聲細語、嗲聲嗲氣，但對象換成她們時，口氣就變得很
普通。

我舉一個例子點醒大女兒，我說：「妳跟已經讀國中的妹妹講話，還有跟斗宅講話，一樣都是妳的弟弟妹妹，但語氣會一樣嗎？」她立刻聽懂了，是因為年紀不一樣。我笑笑地跟女兒說，妳們兩個小的時候，媽媽也是這樣跟妳們講話的呀！但十幾歲的妳們，在媽媽和東諺叔叔眼裡已經是小大人了，對話方式自然跟小 baby 不同。

　　生活當中，每件再尋常不過的事情都需要被解釋、被剖析，因為一不留神，可能就有人會受傷。我們確實花了很多心思在維護這個家每一個成員的關係。

　　當我們感受到誰的心理狀態因為什麼狀況而有些失衡，就會選擇大家一起坐下來，好好把話說出來。我不希望這些

132

情緒日積月累，成為家庭的破口，演變成到最後，可能會說出比利刃還傷人的話。

在重組家庭裡，類似的話一定常常在每個人心裡浮現，短短一句話，就全盤否定了這個人所有的付出和努力。所以我經常告訴兩個女兒，雖然妳們現在還沒有跟東東叔叔吵過架，但未來的事很難說，不過無論如何，就算有時候妳們可能會冒出這樣的想法，但千萬不要在有情緒的時候，口不擇言地說出氣話。

很有趣的是，後來女兒跑來跟我說，她有注意到我也會壓抑自己。我說當然，媽媽也是有脾氣的，不然妳以為自己像到誰？我抓準機會反問女兒，那妳覺得我為什麼要忍耐？

就是因為媽媽愛妳們啊！

　　以前跟另一半在吵架時，每一句話都在想著要如何傷害對方，但現在的我，總是努力不讓理智斷線，不輕易說出那些違背真心的話。

　　你知道人在氣頭上，都是拿出最鋒利的那把刀，刺向最愛你的人，那些話會造成很大的創傷，而且再難修復。

　　為了不重蹈覆轍，我會一次又一次地提醒自己。

PART 3. 用理解與包容經營家庭

沒有人天生懂得當父母，
打造育兒路上的神隊友

　　或許在大家的經驗裡，感覺女性更快適應「媽媽」這個角色。反觀很多男性都需要花上一段時間，才能意識到自己是個「爸爸」了。畢竟在寶寶出生前，就已經在媽媽的肚子裡朝夕相處了許久，比起另一半來說，我們確實對寶寶更熟悉些。很多研究都指出，女性在懷孕期間，身體影響心理，自然而然生出「母性」，幫助我們更快準備好成為母親。

　　當然這樣的說法不是絕對，不過，觀察我身邊初嘗為人父母滋味的朋友們，似乎都是如此。

因為很早就當了媽媽，我的育兒「資歷」確實比東諺長，我能從過來人的角度傳授一些經驗給他。很幸運的是，東諺是個好學生，他從我一懷孕開始，就展現了積極參與的態度。

　　我都笑東諺是「孩子控」。斗宅還在我肚子裡的時候，每晚東諺都會摸摸我的肚子，感受一下胎動，鉅細靡遺地跟斗宅分享爸爸媽媽一整天經歷的大小事，甚至會稱讚斗宅，和他信心喊話地說：「你今天沒有讓媽媽不舒服喔，你真的是個很棒的孩子，明天也要繼續好好表現！」

　　這是我們當時的睡前儀式。雖然是東諺在跟寶寶說話，但字字句句裡，無一不是傳遞著對我的關懷與體貼，聽在耳裡，比什麼動人的情話都還甜蜜。

懷孕，是兩個人的事

歷經四次孕期，我最有感觸的就是女性一旦懷孕，不僅要面對原本人生規劃的轉彎、外型上的明顯改變，更會時常覺得「身體已經變得不像是自己的」，加上不同的外在環境條件，也會為準媽媽帶來不同程度的壓力和焦慮。

從女孩、女人，變成一個正在孕育新生命的母親，所付出的努力與辛苦，外人難以想像。

斗宅和朵拉出生後，都是很穩定的天使寶寶，但我在懷孕期間可沒少折騰，孕吐是家常便飯，也會全身水腫、腰痠背痛。尤其是我的尾椎骨曾經因拍戲受傷，懷孕後期肚子明顯變大，

子宮往後壓迫到舊傷位置，時不時就會感到疼痛難耐。

對很多先生來說，由於無法親身體會孕期的辛苦，加上孕婦的心理狀態本就會受到荷爾蒙影響，變得比較敏感脆弱，導致平時神經大條的先生們最容易在這時踩到地雷。

其實，先生們應該嘗試多多體諒孕婦的身心，如果發現有什麼事情困擾著另一半，就陪著她一起解決，也別忘了對太太說聲「辛苦了」，讓她感受到你的愛。

在這個特殊時期，最需要的就是枕邊人的悉心呵護和全心支持。

比如東諺知道全身按摩的保養行程會讓我心情很好，他會記得定期幫我預約，更貼心地專車接送，為的就是讓我徹底放鬆。享受不見得要花大錢，可能有些人愛看書，也有些人喜歡看電影，關鍵是靠著細心觀察，抓準另一半的喜好「對症下藥」。

有時候只是一件簡單的小事，就能換得準媽媽的快樂。

記得懷孕前期，我因為害喜非常嚴重，萬物皆可吐，唯有柑橘類的清香氣味，能稍稍消除噁心感。某天早上一醒來，明明什麼都還沒吃，就開始反胃乾嘔，我無助地大喊：「東東，我好想吐喔！」當時東諺都已經穿戴好了，正要出門，但一聽到我喊他的聲音，他立刻手刀飛奔到廚房拿了橘

子，邊剝邊焦急地大聲問：「有聞到橘子的味道了嗎？比較不想吐了吧？」

　　我聽他的聲音氣喘吁吁，覺得有點奇怪，勉強起身走到樓梯口一看，只看到東諺賣力地跳上跳下，手裡忙不迭地揮舞著橘皮，那個畫面真的好可愛！

　　其實，明知道再怎麼剝橘子，緩解症狀的效果終究有限，但是看到他這麼努力，只為了讓我能夠好過一點，就已經讓我心情大好，就算再怎麼不舒服，也去掉大半了。

　　孕期最困擾我的，除了孕吐，就是腳的水腫問題了。主持節目時為了上鏡好看，一定是腳踩高跟鞋，錄影時間一

長，雙腳腫脹、疼痛的程度，就算回到家立刻躺著休息，也很難消停幾分。

東諺發覺後，口頭上沒多說什麼，但只要每天晚上我們坐在沙發上時，他就會把我的腳拉過去按摩，一捏就是二、三十分鐘。看到東諺總是這樣不辭辛勞、沒有半句怨言，只想盡可能地滿足我的需求、解除我的疲勞，那份被愛護、被放在手心裡疼惜的感覺，好像也讓身體的不適被撫平了許多。

因為我知道，我不是一個人在面對懷孕對母體帶來的負擔及變化。東諺用最實際的行動，證明了他會和我一起承擔，讓懷孕成為我們兩人共同的事。他緊緊牽著我的手，一同走過這段極其珍貴的生命歷程。

▌ 謝謝東諺總是如此體貼我。

「真心讚美」就是一帖良藥

雖然帶孩子和處理家務，我做起來比誰都得心應手，但只要東諺願意一起投入在這些傳統被認為「女人的事情」上面，我唯一要做的，就是不要拿自己的標準去檢視他的成果；無論他做得怎樣，記得，先讚美就對了！

或許很多人會說，「先生本來就該參與家務」、「明明太太更努力，為什麼就只誇獎先生」。我相信每個為家庭付出的成員，都值得一百二十分的肯定，但在「稱讚老公」這件事情上，關鍵絕對不是在爭誰做得更多、更棒，而是要把目標放在更遠的地方：讓另一半趕緊歸隊，成為你生命中的「神隊友」。

有段時間，東諺在家當起全職奶爸。事實上，作為剛上路的新手爸爸，東諺也絕對不是「第一次當爸爸就上手」。不過，就算不是每件事情都能做到一百分，但只要他願意做，我一定大力稱讚他，盡量不嫌棄、不數落。

　　他第一次嘗試自己哄睡斗宅，就花了三個多小時，搖啊搖的，好不容易寶寶睡了，一放到小床上，馬上又醒了。當下我可以感受到東諺一定是氣餒又無奈，像這樣的時候，最不需要的就是旁人的「指教」，所以，我告訴東諺，他已經做得很好了，對寶寶也很有耐心，只是斗宅剛好還不想睡。

　　還有一次，我看著東諺興致勃勃幫女兒綁頭髮，綁好時比沒綁更可怕，實在讓人噴飯。

在這個階段，就算對方把尿布包得亂七八糟、泡個牛奶都打翻，發生再怎麼光怪陸離的狀況，也先別生氣，與其斥責另一半的做不好，倒不如正面看待他的積極行動。

先生需要的是太太給予他們信心，多說「下次再試試看吧」、「你一定沒問題的」，讓他感覺到「做這件事情好像很不錯」、「原來我也可以做得到」。就像教小朋友一樣，只要他願意做就讚美他，他會更有意願去嘗試第二次、第三次，才有愈做愈好的機會。

道理很簡單，如果爸爸主動攬起照顧寶寶的事情，從中累積了更多參與感和成就感，對媽媽來說何嘗不是好的開始？當另一半把事情做好，就可以有人共同分擔育兒和家事

的辛勞。漸漸地,彼此建立起默契:可能爸爸幫寶寶洗澡時,媽媽就能趁空洗奶瓶,或是媽媽陪兒子玩遊戲時,爸爸可以把女兒帶開哄睡。

雙方各自挑選自己上手的事情做,互相補位,家庭的重擔就不會只壓在其中一人的身上。

也許有一天你會發現,小從泡牛奶這類瑣事,大到洗澡、陪讀等耗費心力的活動,都能夠放心地交給另一半時,媽媽也可以暫時卸下這個全天下最忙碌的身分,重新享受 Me Time 的清閒時光,許自己一段小小的假期了。

夫妻要互相補位，共同承擔。

另一半從神隊友晉升「神隊長」

　　而這樣的神隊友，從我懷朵拉的那一刻起，更成了我們家的神隊長！

　　計劃生第四胎時，東諺一開始就非常擔心，因為他很清楚我在孕期會有哪些不適症狀，一想到我要重新經歷那段孕吐地獄，其實他心裡是很捨不得的。

　　雖然已有心理準備，但等到我真的懷上朵拉後，害喜症狀卻比預期還嚴重，我必須在工作時用盡十二萬分的力氣，才能維持看起來勉強像是正常人的樣子。只要一收工回家，我一定立刻關掉電源，只想讓自己喪失所有功能，像個廢人

般癱軟在沙發上。

而在這段期間，東諺一肩扛起一家七口的家務事，包括大女兒的上下學接送、生活起居照顧，斗宅的陪玩、哄睡，再加上全家人的採買任務，甚至有時我害喜實在太不舒服，滴水難進，他還得陪著我去醫院打點滴，補充營養。尤其那時剛好我們買了新房，裝潢、整修還有和工班的協調盯場，都由他一手包辦，簡直變身超人老公。

每次，看著他忙得團團轉的身影，我心裡滿是感動與感謝。

隨著進入孕期尾聲，開始要著手準備生產相關事宜，瑣事繁雜，加上東諺當時接演了一部電視劇，主場景在高雄拍

攝，只要一有休假，他總是北高兩地來回，忙得不可開交。

　　有一次他下戲回到台北家中，一個人默默地把所有家事都做好後，就帶斗宅到客房準備睡覺。我看著奇怪，就多問了幾句，這才知道，原來因為我接近卸貨這段期間，愈來愈淺眠，東諺為了讓我晚上好睡，怕兒子半夜哭鬧吵到我，就想著把斗宅帶開。

　　我們先前本來就討論過該讓斗宅戒奶嘴了，這樣之後若要將斗宅交給阿嬤照顧，才不會太難帶。沒想到東諺睡了三天客房，也順利地用這短短幾天，就讓小斗宅戒奶嘴的成就解鎖。隨即他又打包行李，再度動身南下拍片。

151

更不要說，自從朵拉出生後，只要東諺在家，我甚至沒有獨自哄過朵拉睡覺。有時候看他「奮戰」很久，我在旁邊忍不住開口問要不要換手讓我來，他都很堅持要我去休息，躺好躺滿。有段時間，東諺總是說，寶寶已經在我肚子裡十個月了，他都還沒哄滿十個月呢，當然更要「愛不釋手」。

大家都說，東諺是我的神隊友，但在我心中，東諺不只如此。他是「超前部署」的伴侶，總是可以預想到很多事情，早做準備，就像隊長一樣發號施令，帶領著全家人走向幸福的航道。

沒有人天生就懂得當父母，但我們可以透過有效的溝通、互相理解與體諒，打造屬於自己的神隊友！

謝謝我的神隊長。

家人相處，
把愛放在最前面

　　錄節目、拍戲的時候，每個人事情都很多，大家都忙，這讓我養成一個習慣，就是「講重點」。我也一度把這個模式套用在夫妻相處上，因為兩個人工作之餘都累了，心裡只想著「趕快把重點說一說」、「對方聽得懂我的意思就好」。這樣的方式不拖泥帶水，很有效率，卻有一個最嚴重的 bug：如果凡事只講重點，說出來的話語少了感情，感受不到愛。日子久了，彼此就會變得很不甜蜜。

　　在家庭關係裡，不管是夫妻還是親子的相處，我覺得很重要的，是「愛」必須被放在前面。

所以，後來我開始轉換模式，跟家人溝通的時候，我們當然還是「要講重點」，但不能「只講重點」，必須花更多時間來鋪陳。

　　比方說，假如我想要調整一些生活上的事情，當我找東諺商量時，不會單刀切入地直接談，可能喝點小酒，利用酒精的催化放鬆心情，接著我會表達對他的感謝、肯定他對這個家的付出，等到彼此情緒都很舒服的時候，才把話題推進到這次要討論的事情。

　　對待孩子，也是同樣道理。我們家比較特別的是，兩個大的女兒是青春期才回到我們身邊，親子的相處方式等於是「打掉重練」。有時候，她們會用吵鬧來解決問題，用情緒

爆炸的方式，爭取自己想要的東西，但我一開始就開誠布公地告訴她們，在這個家裡，我們凡事都可以好好講。

如果發現孩子在跟我們說話時，情緒有些波動，聲音也開始大聲起來，我會先幫這場對話按下暫停鍵。我會告訴孩子，父母的提問並不是在懷疑或否定她的意見，我們只是希望能釐清討論的內容，再繼續往下談。

人在心急的時候容易有情緒，之所以喊暫停，是為了要提醒孩子，我們還沒有拒絕她的提議，大可不必拿出劍拔弩張的態度，給她一點緩衝冷靜的時間，把她拉回現實。

否則，當對話都陷在情緒裡時，溝通的效果會大打折扣。

我和東諺也一直在學習，如何「不用情緒逼孩子聽我們的話」，這件事之所以困難，是因為我們小時候身處的環境，多數都還在採用打罵教育，讓人很容易拿過去的經驗，直接複製貼上。

　　「愛的教育」的本質是溝通與同理，我深深相信，只有持續不斷用這樣的態度陪伴孩子，才能讓父母受益良多，一起成長。

我們是一個團隊

　　從孩子的出發點來思考，不難理解她們之所以在溝通時會有比較激烈的反應，是為了要捍衛自己的權利，比方說想要增

加每個月出去玩的次數，或是不想被限制使用手機的時間。

在孩子情緒比較激動時，我們一定會先停下來，牽起她們的手，一起禱告，祈求上帝賜予我們父母智慧，能夠清楚地表達，使孩子明白，父母的管教約束，是出自於對她們的保護和愛。也求上帝賜給孩子智慧，讓她們可以用言語闡述自己的立場，而不是用情緒達到目的。

透過禱告，提醒自己，也讓孩子知道，我們現在需要溝通，卻被「情緒」擋在了「愛」的前面。讓她們明白「我不是妳的對手」，**父母和孩子不是對立關係，而是合作關係。**

我告訴女兒，這就好像學校的分組作業，如果同組裡有

同學功課較差、不寫報告，結果有人拿九十分，有人拿三十分，但大家的成績就是要加起來平分，妳們能做的就是去跟同學溝通，想辦法補強，因為組員的分數是一起打的；家人之間，也是如此。

常常一整天錄了四個節目，深夜收工回到家，還要打起精神跟女兒說：「來吧，我們聊聊。」東諺和我有個共識，不會把工作排得滿滿滿，不管再怎麼忙，都要抽出時間陪孩子，因為每件事情都要花時間溝通。

所以，如果她們想提出什麼要求，就來說服我，我也會告訴她們，我們的立場是什麼，為什麼我認為該做或不該做，聽完我們的說法後，她們也可以再說說自己的想法。我

們可以一起設定目標，爸爸媽媽會陪著她們努力達成。

　　雖然我們是一個重組家庭，雖然兩個大女兒和東諺沒有血緣關係，但我們被擺放在一起後，成了生命共同體，就不會是大人一隊、小孩一隊。我們努力讓孩子明白，在人生的道路上，我們是要共同前進的，我們是一個團隊。

▌不論再忙，都不放棄和孩子相處的時光。

不斷溝通,大膽說出內心的 OS

在和爸爸媽媽溝通的時候,兩個女兒雖然是彼此同陣線的「戰友」,但很有趣的是,她們偶爾也會內鬨。老大就曾經抗議過,她明明是一個高中生,妹妹才讀國中,為什麼零用錢是一樣的?她舉證歷歷:比如學校社團練習時間和午餐時間重疊,她不能和同學一樣訂營養午餐,要自己另外找時間去學校熱食部買東西吃,還有社團外務活動多,也經常要和社員在外吃飯,就會產生額外的開銷。

雖然我們想對兩個女兒盡可能地做到「公平」,齊頭式的平等反而造成了「不公平」。我和東諺聽完女兒的「申訴」,也覺得言之有理,是該調整。

結果我們什麼都還沒說，妹妹就先跳了出來，義憤填膺地幫腔說：「姊，不用擔心我。妳現在提出的要求，我上了高中也用得到，所以我絕對是支持妳的。」重點是，她這番真性情的喊話，就是當著我和東諺的面直接講的，讓我們笑到眼睛都變成愛心形狀。

　　妹妹說的這些心裡話，也許有的孩子會因為不想讓爸媽覺得「我也是這樣想」，就選擇私下說就算了。可是對我們來說，家人之間的對話，是可以把事情攤開來講的，所以才會發生像這樣「把內心 OS 說出來」的場景，這是我們家很可愛的地方。

　　其實，我自己小時候但凡有什麼委屈，都只能含淚默默接

受，不敢告訴大人。因為我知道，只要一開口，不是被罵就是被拒絕，大人沒有辦法理解我的想法。所以，我不希望讓孩子再經歷同樣的事，認為跟父母溝通是一件很困難的事情。

當我們不斷調整溝通方式，家人之間可以好好表達愛的感受，爭執自然會愈來愈少，就不會帶著情緒去面對生活，建立起最適合我們家的相處之道。

我想，這也是我的福分，因為和丈夫有同樣的信仰和默契，我們都願意為家庭多做一步， 多想一些，而且付諸行動，這就是幸福的根源。

成為孩子的祝福，
幫他們找到想走的路

　　由於在很年輕時就成為母親，當時我的觀念是，能達到我訂下的標準、聽話的孩子，才是好孩子。但是現在的我才能夠看得清楚明白，孩子都是獨一無二的，有人聰穎早慧，打小便嶄露天分，也有的人就像大格雞慢啼（閩南語俗語，多用來指大器晚成），每個人有不同的生命歷程，同樣的模式沒有辦法套用在每個人身上。所以，我反過來要求自己，去理解每個孩子的需求。

　　以前的我，會認為父母是孩子的管理者，**現在我知道，我們應該成為孩子的守護者。**

有一次跟好友聊天，他說有個外國朋友看到市區街道上一整排的數理補習班，於是詢問：「台灣的小朋友是不是數理很強？」朋友滿頭霧水，就是數理不好才需要補習啊，不知道對方為何會作此聯想。沒想到外國朋友說，在國外是如果孩子數理表現很好，就要讓孩子再精進，因為這是「上帝給他們的天賦」。

　　這句話著實打動了我。對呀，每個人都是身懷長才，一定會有那件「你不需要特別用力，就可以做得比別人厲害」的事。而父母可以做的，就是幫孩子找到他們與生俱來的禮物。

　　以前為了養家餬口，我最高紀錄曾經身兼四份工作，包括在朋友酒吧打工，在購物台做模特兒，在學校教社團課，

同時也接案子幫出版社畫小說封面插圖。後來進了演藝圈，也許我有這方面的天分吧，雖然不是科班出身，但我覺得自己很幸運的是得到了一些肯定，發展還算順利。

回頭想想，如果我在讀書的階段，就了解自己有這份才能，把時間用來進修表演藝術的專業，甚至是學舞蹈、口條和語言這些相關領域，是不是會對我的演藝生涯更有幫助？

所以，我更希望在孩子還小的時候幫助他們，找到他們的天賦，去想到更長遠的未來，一步步帶領、陪伴他們好好發展，讓這份禮物足以受用一生。

先理解孩子的想法

二女兒從五歲開始學小提琴,現在已經八、九年,上了國中,她想更進一步提升自己,向我們提出高中想要報考音樂班的想法。

我們一查資料才發現,音樂班除了主修樂器,還得加上一項副修。而她目前國中只剩兩年畢業,如果要把從來沒學過的鋼琴練到能考上音樂班,再加上學科也要顧,其實壓力是很大的,考上的機率也很難說,可說是一項大挑戰。

我和東諺沒有直接拒絕女兒的提議,而是和她深入討論,了解她想這麼做的原因。原來這孩子想得很遠,她覺得

除了享受演奏，也可以有一技之長在身，長大後若沒有其他想做的事情，她可以教音樂為生。

二女兒接著表示，其實自己對學科也很有興趣，於是我和東諺建議她，不如先把國中唸完，考間一般的高中，但同時我們也請老師從現在開始教她彈鋼琴，同步學習。等她上高中後，除了原來就會的小提琴外，鋼琴也已練習到一定程度，屆時學校也會有許多社團活動，她甚至可以選擇吉他社，學習新樂器。

如此一來，從現在到高中畢業，她還有五年的時間，能充分進修不熟悉的樂器。等到考大學時，她就能評估自己在音樂上的所長，選擇相關的學校就讀。聽完我們的建議後，

她非常開心，覺得這確實是很適合自己的一條路。

　　所以，與其在一開始七嘴八舌添加大人的想法，倒不如先陪著孩子釐清他們真正想要的是什麼，來得更為重要。

放下大人的堅持

　　同樣是學樂器，在大女兒身上的情形，又截然不同。

　　她學了五、六年的鋼琴，但比起她後來接觸到的民俗舞、芭蕾和街舞，顯然她更喜歡舞蹈許多。可是我們大人常不自覺地把對孩子的期望綁在上頭，變成用一種條件交換的方式，像是「想學跳舞可以呀，但也要繼續學鋼琴」。

因為這幾年投注的也是一筆可觀學費，鋼琴都買了，中途放棄多可惜。

　　但是，每每看到女兒假日早上七點社團練舞從不遲到，總是興高采烈地出門，等回到家裡問她「今天什麼時候練琴」，換來的卻是長長的嘆氣，彷彿有烏雲罩頂。

　　印象最深的，是我為了想勾起她對彈琴的興趣，上網找了很多她喜歡的流行歌曲譜，做成歌本，心想可以邊彈邊唱也會開心許多吧！沒想到她說自己根本不會看譜，一直以來，她都是靠著硬學指法把曲子背起來。

　　我想到自己踏入演藝圈的第一份工作，就是演台語劇，

但我明明對台語一竅不通啊！每天我都忙著「翻譯」劇本，請工作人員把上面的台詞一句一句唸給我聽，我再用羅馬拼音或注音寫在旁邊。一開始跟其他演員對戲時，簡直就像是在背稿，壓力山大。

將心比心，我可以理解原來女兒對彈琴這麼沒有興趣，才會連最基本的看譜都不想學。既然如此，我不禁捫心自問：如果孩子做這件事情那麼不快樂，那我們到底在堅持什麼？

其實真的到了放手的那一刻，反而是孩子自己也會有些糾結，擔心現在若放棄了鋼琴，是否過去幾年所付出的努力就都白費了？

我告訴女兒，就像東東叔叔從小就是成績優異的游泳選手，也當過游泳教練，後來成了演員，第一部戲就是演一個游泳高手，**可見人生不會有白走的路，每段經歷都是成長的累積。**

怎樣才算「公平」？

由於四個孩子中間有一段年紀差距，我們都笑說是「青少女組」和「嬰幼童組」，平常和兩個比較大的女兒講話時，很容易會講成「妳們」怎樣怎樣。不過，青春期的孩子對於隻字片語，那可真是錙銖必較，今天這個指責或提醒是針對誰的，要分得很清楚，不能一概而論。

所以，我們很顧慮是否公平的問題，為的就是不讓孩子

▍理解孩子的興趣，也是父母的功課。

感受到差別待遇。說來簡單，道理大家也都懂，但只要稍不小心，就容易產生誤會。

打扮女兒是每個媽媽的樂趣之一吧！在兩個女兒還在唸小學時，我總喜歡時不時買些小飾品或衣服給她們。「這個適合老大，那個適合老二。」選購時，我還會特意針對兩個孩子的氣質，挑選不一樣的東西。我滿心認為，這樣一來孩子一定能感受到媽媽的用心，甚至姊妹倆還可以交換穿搭，一舉兩得。

直到有天大女兒哭著跟我說：「媽媽，妳怎麼不買一樣的東西給我們就好了？」我嚇了一跳，連忙反問她怎麼了嗎？女兒才緩緩地吐露心聲。

原來，兩姊妹雖然都喜歡我買給她們的東西，但常常看到對方的也覺得不錯，心生比較，反而容易鬥氣，鬧得不愉快。我自以為是的別出心裁，倒成了「好心做壞事」。

　　在那之後，只要是買兩個女兒的用品，我一定都是一式兩份。直到孩子更大一點、喜好更明確，可以為自己挑選時，就讓她們各自決定。

成為孩子的後盾，
陪伴他們高飛

　　兩個大女兒回到我身邊時，正是即將進入青春期的階段。這個時期的孩子，同時面臨身心的巨幅蛻變，無論是急於對世界伸出觸角探索的渴望，或是對自我認同的重新理解，都會讓她們有很多困惑；這也讓她們變得格外善感與多刺，表現在與家人相處的態度上，往往容易被解讀為脾氣很大、不耐煩。

　　與其自哀自憐認為孩子變了、不愛我們了，何不換個角度，設身處地來想？我跟東諺的做法，就是回憶我們自己在那個年紀時，會有怎樣的心態。也因此，青少年雖不像嬰兒必須寸步不離地照顧，卻要花更多心力與時間周旋：因為你

必須努力成為那個「他願意向你傾訴」的對象。

　　就好像哪個情竇初開的少年少女不嚮往戀愛滋味？小時候，就算媽媽下了「禁愛令」，我也不可能不談戀愛，我只會選擇不讓我媽知道（笑）。

　　成長經驗讓我了解到，這個年紀的孩子對於同儕與異性關係本就感到新奇、充滿憧憬，彼此吸引是再自然不過的事。與其完全禁止，我覺得更重要的是，把「談戀愛」當作青春期孩子在人際關係上的一項課題，引導她們了解健康的交往關係，還有如何尊重、保護自己的情感與身體。

　　與其迴避話題閉口不談，我更希望孩子可以多和我形

177

容她們和對象之間的互動、平時都聊些什麼,她們愈願意分享,我愈能夠掌握狀況。

所以,和這個年齡層的孩子相處,我們做得最多的就是談心。傾聽、接納、問問題,這也是有技巧的,千萬別只是招手說:「我們來聊聊。」孩子乍聽之下只會內心警鈴大作,頓生「是不是自己做錯了什麼」的防備感。我喜歡設計一些互動,比如邀孩子玩桌遊,就是讓她們不得不心甘情願坐在我旁邊的方法。

雖然青少年都自覺是小大人了,但玩起遊戲來,還是很孩子性。當她們注意力都集中在鬥智闖關時,趁機假裝不經意地問些問題,通常孩子會不假思索回答出來,平時問不出來所以然,這種時候就能得到答案。

遊戲只是個方法，互動的本體在於藉機觀察孩子，和她們多聊幾句。

孩子有時需要的，只是父母的同理心

懂得聆聽也很重要。在親子關係上，有時候父母要適時「留空間」，讓孩子有傾訴的機會，說出自己的心聲。

當孩子有意願開口時，我們就得打起精神，先把嘴巴閉起來，專心聽孩子說話。**當父母懂得傾聽，才會知道孩子需要什麼**，有時孩子表面上看似在抱怨，其實他需要的不一定是解決事情的方法，而是父母的一句鼓勵及安慰。

當孩子說出真話，父母的反應更重要，因為這關係到他下次是否還會想要據實以告。大人最常犯的錯，就是口不對心，嘴巴上說「沒關係」、「不會怎樣」，聽到答案後，難

免還是情緒上來，表現出無法接受的樣子，變得「有怎樣」。一而再，再而三，往後遇到類似狀況，孩子便會選擇性地不說，從此不願意再對父母敞開心房，距離就這麼拉開了。

我後來發現，照顧不同年齡層的孩子，都需要一些轉換。就像我們陪寶寶或牙牙學語的幼兒玩時，會跟他比手畫腳，咿咿啞啞地講起 baby language，會放柔語氣，模仿他們稚嫩的語調；和青少年聊天時，也是這個道理，先讓自己變成孩子的夥伴，溝通才能有一個好的開始。

如果我們只是想要父母的威風，有些比較膽怯的孩子會不敢表達真實的自己，如果父母在孩子眼中就是不講理、很霸道的形象，孩子要不就是選擇開口不說，或是選擇硬碰

硬，雙方就容易產生碰撞，最後落得兩敗俱傷。

溝通的重點不全然在「對錯」，而是易地而處，接收對方的感受，你會發現其實孩子需要的，不過是一份「同理」。

我經常和女兒們說，父母陪伴在孩子身邊，並不是要支配她們，或希冀孩子能實現那些自己來不及實現的夢想。我們只希望孩子能被充分理解與支持，在她們的生命中愈來愈好，未來當有一天孩子離開父母身邊時，可以把自己的人生過得很好，平淡亦是幸福。

為了這個目標，我和東諺會傾盡全力做孩子的後盾，讓他們長出面對世界的勇氣。

| 我和東諺會盡全力，成為孩子的後盾。

Chapter 4

由內而外，綻放
屬於自己的精彩

很多女性進入婚姻、成為母親後，為生活奔
波，忙於照料全家，一回頭才發現，已經不小
心弄丟了自己，這是我覺得最可惜的地方。人
生不能重來，每個階段都要努力活得精彩！不
妨和我一起，好好疼愛自己，時時刻刻容光煥
發，女人啊，妳值得為自己美麗。

讓保養成為日常，才能持續

　　坦白說，少女時期的我不愛保養，整天待在戶外運動，曬得人都黑了一圈。每次打完球坐在地上，同學看著我的小腿都會驚呼：「小白，妳的皮膚都乾到裂開，像鱷魚一樣啦！」儘管如此，我也不以為意。

　　開始有保養觀念是因為工作關係，當模特兒經常要化妝，每次一遇到拍攝，我的臉就會像畫布一樣，被化妝師塗塗抹抹，反覆上妝、卸妝更是家常便飯，皮膚飽受摧殘。那時我才真的意識到，是該好好保養了。

　　挑選保養品，跟每個人的膚質、體質切身相關。比方說

歐系、美系的牌子，用起來是很滋潤，卻未必適合氣候已經很潮濕的台灣；同為亞洲的日韓品牌，在性質上相對比較接近，但有些大廠牌的價格又不是那麼親切。

一路尋尋覓覓，我才找到我命定的保養品，可說是為台灣人量身打造，成為我的最愛。原來保養品不是愈貴愈好，也不是別人說好就好，真的是要用神農嘗百草的精神，找到最適合自己的，才能讓保養品發揮最大效益。

還有一個關鍵是：讓保養成為我們的日常。

保養是每個女人最大的功課。我通常會建議，至少做到簡單保養，但絕對不能不保養。畢竟，光是三天不保養，就

看得出來歲月在臉上刻劃的痕跡，更別說三個月不保養。

　　有段時間，我每天洗完臉就要擦七種保養品，後來發現這樣做實在弄得太複雜，光想到那個程序，就讓人很提不起勁。後來我簡化成化妝水、精華液、乳霜，三罐搞定。簡單不麻煩，天天做也沒問題。

善用生活中的小習慣，維持線條

　　不管工作再累再忙，只要一有空閒，我就會把握時間做些簡單運動，讓身體循環變得更好。

　　因為生活十分緊湊，要維持規律的運動不容易，所以我

▌顧孩子時順便敷面膜，一舉兩得！

能做的，就是善加運用零碎的時間。比如看電視時，同步做一些練手臂的動作；如果本來只是坐著滑手機，就換個姿勢改成抬腿二十分鐘，還能順便敷面膜；刷牙時，可以一邊做深蹲，睡前就在床上拉拉筋。

能夠堅持下去的原因，**就是因為我不把運動當作「額外」要做的事，而是融入成生活中的一部分。**

以前當模特兒時，我養成一個習慣，不管在什麼狀態下，只要我醒著，就不會讓自己的肚子放鬆。因為不管是主持或表演工作，經常需要穿著很合身的衣服，無時無刻都在縮小腹，有助於維持體態。雖然還不到可以「炫腹」的程度，但也因為經常做收緊腹部的動作，讓肚子的線條更為緊實。

有趣的是，因為習慣成自然，已經不會特別感覺自己肚子在施力，所以反而後來我在懷孕的時候，要經常提醒自己記得放鬆小腹呢！

簡單的運動不僅能紓壓，也會讓我們變得更有活力。把心態調整好，想著「自己離變美又更近一步」、「這些事都是為了自己而做」，就不會嫌麻煩，反而會覺得很快樂。

孕期產後放輕鬆，
更別忘了愛自己

懷孕時，很多人都會稱讚我是最美的孕媽咪、特別容光煥發，某種程度上也是因為工作需要，即使懷孕了，我也必須要很勤勞地化妝打扮。但可能很多人會覺得懷孕就夠累人了，何必還花時間保養，結果因為太邋遢，反而把自己變成了黃臉婆。

其實，不是懷孕改變了我們的容貌，而是媽媽們很容易在這段期間，忘了將注意力放在自己身上，忘了要好好照顧自己。所以我會鼓勵身邊懷孕的姊妹，偶爾接睫毛或是上點淡妝等，就算只是讓自己看起來有精神、氣色佳，心情上也會愉快許多。

產後瘦身不容易，別用嚴格的標準束縛自己

這四胎孕期，都長了不少肉，懷斗宅的時候胖了最多，足足有十八公斤。因為在那之前已經在演藝圈闖蕩十年，工作緣故，必須時時刻刻注意身材，所以一得知懷孕，立刻開啟「報復性進食」的模式，甩開女明星的種種包袱，肆無忌憚地吃。

懷朵拉時也不遑多讓，除了盡情吃飽，更是躺好躺滿，尤其是想著生完這胎我就要封肚了，一定要好好享受這一刻。等到某天清醒過來時，我已經胖到無法面對自己。

還記得我在月子中心的時候，看到一些藝人朋友在臉書發了「產後真實照片」，除了佩服她們的勇氣，底下的留言更讓我覺得很溫暖，對嘛，女明星也是人，生完小孩，誰不是還掛著個肚腩在身上？

　　於是，受到激勵的我，覺得也可以在臉書上和大家分享我當時的樣子，並且信心喊話激勵自己，雖然現在的身材距離回到工作崗位上還有好一段路，但我會好好努力的！

　　照片上傳後，按讚數狂飆，迴響熱烈，還被媒體拿去大作文章。隔天走進我月子房的護理師，每個人一看到我都柔聲問：「妳還好嗎？」我一時之間沒反應過來，聽她們解釋才知道，她們看了新聞，怕我打擊太大，想說要來關心我。

放這組照片是想鼓勵媽媽們，產後的我們有著不同的美！

有個護理師還鼓起勇氣跟我說：「媽媽，妳已經很漂亮了，別給自己太大壓力。」

聽她這麼說我忍不住大笑，忙不迭地擺擺手回說：「哎喲，我沒事啦！」

我知道很多媽媽都會因為產後身材變形而憂鬱，我也是生到第四胎，才愈來愈懂得用正面的態度看待這件事情，自娛娛人地大方分享產後依舊鬆垮的肚皮。因為我知道，這個狀態再正常不過了。

爬滿腰間的肉肉、忘記歸位的骨盆、好像還有寶寶住在裡面的鬆肚皮……，實話告訴大家，這些生產後會經歷的一

切，每個媽媽都一定會遇到，我也不例外，只是沒讓大家看見而已。

電視上的女藝人之所以永遠那麼明豔動人，是因為我們的職業需求，即使生完孩子，也必須得讓自己在最短的時間內恢復到最佳狀態。

所以，媽媽們千萬千萬不要拿自己跟女藝人們比較，產後瘦身也不急於一時，懷胎十月已很辛苦，實在沒必要在產後還得讓自己承受這些壓力。

別對自己太嚴格，此刻的我們有著不同的美！

不論多忙，
都要保有自我時光

　　我很幸運，無論是孕期或是產後，都受到很多人的照顧和幫助，但即使如此，面對初來乍到的新生命，不免還是有崩潰的時候，更不用說那些比我更孤立無援的媽媽們，一定都遭遇過只有自己才懂的黑暗時刻。

　　斗宅在我肚子裡時，因為他是個胎動非常強而有力的寶寶，有好幾次我節目錄影錄到一半，不小心叫出聲來，一旁的瓜哥被我嚇一大跳，趕忙轉頭問我發生什麼事，我只能不好意思地跟他說：「是兒子在踢我。」

更氣人的是，每到了睡覺時間，彷彿就是斗宅開 Party 的時刻。有一陣子我累積了好幾天的工作壓力，晚上又被他踢醒、睡不安穩，就算老公哄著我，但那時我總是覺得心裡的委屈根本沒人能懂，就這樣哭了出來，才發現：「唉，我這個孕婦可能又『超載』了。」

　　媽媽們，回想一下最近的生活，有哪件事妳是為了自己做的呢？

　　我跟東諺身邊有很多朋友都有孩子，更不乏二寶家庭。有個剛迎來第二胎的朋友，就因為日子忙得昏天暗地，忍不住在群組裡向我們這些前輩取經，問說：「妳們都是怎麼安排時間的？」

她把一整天密密麻麻的行程攤開來：早上五點起床擠奶、餵奶，接著做大寶的早餐，大寶才吃完飯，緊接著二寶又要換尿布了。哄睡了二寶，再陪大寶玩，中間抽了空，還要為家人準備午餐。下午要洗衣服，做點心、副食品和晚餐，忙著忙著天就黑了，一天就這樣過了。

　　不是有句話是這樣說嗎？「媽媽熬的不是夜晚，是自由。」所以，我總是不厭其煩地提醒這些媽媽朋友和她們的家人，不管再忙再累，都要留一點時間給自己，那是媽媽的 Me Time。

　　媽媽們，別忽略了自己，有快樂的媽媽，才有快樂的孩子和家庭。記住，要把自己的位置放在前面一點，永遠都要記得好好休息、好好愛自己。

因為我們責任重大，所以更要照顧好自己。

心靈需要呵護，
成為自己喜歡的樣子

　　從十八歲開始做模特兒，到後來進了演藝圈，處處都是五光十色、光鮮亮麗的樣子，所以，過往總是難免為外貌焦慮，總是希望自己能有更漂亮的臉蛋。以為自己在追求美麗的過程中，擁有更好的外表了，實際上，煩惱變多了、更脆弱了，臉上的粉底愈厚，心中的自信卻日漸稀薄。

　　事實上，再美好的皮囊，終究有看膩的一天。看過太多人在追尋的過程中，迷失了自己，我便知道，這不是我所想要的。

有句話說：「二十五歲之後的容貌，是自己給的。」外在的美貌會隨著時間流逝，內心的美卻能恆久存在。

　　變美，本應該是愛自己的一種方式。美，從來不是外在的世俗標準，而是內顯的生命張力。這份美麗，還包括有幫助別人的能力，真誠地與人交往，打從心底平等地看待每個人，最後才能夠成為自己喜歡的樣子，過上自己真正想要的生活。

　　我經常回想起十幾年前的時候，自己的個性還不夠成熟，面對四面八方排山倒海而來的壓力，不僅情緒不穩定，也覺得自己為何活得如此荒腔走板，好像沒有一件事情在我的掌控之內。

就像電影《寄生上流》的金句：「有錢的話，我也會很善良。」當時我的生活都這麼一塌糊塗了，更別提要如何照顧自己的內心、熨平人生的各種皺褶。

幸好，如今一切都好了。

正因為走過那段日子，我知道並不是誰真的犯了錯，而是人生有各種不容易，但正因為走過那段日子，我更珍惜現在的自己，和我所擁有的一切。

如果妳也曾經歷婚姻失敗、情感創傷，或生活遇到很大的困難，希望妳不要放棄！這些都是過程而已。堅持下去，繼續向前走，直到重新遇見幸福。

PART 4. 由內而外，綻放屬於自己的精彩

給孩子的一封信

四個孩子，都是我這一生中最美好的禮物。他們在我人生的不同時期先後來到我身邊，讓我對生命有了截然不同的體悟，也陪伴我成為愈來愈好的自己。

　　尤其是兩個大女兒，感謝上帝，此時妳們已經回到媽媽身邊，我們聊了許多過去記得的、不記得的事情，一起哭哭笑笑，一起唱著小時候教妳們的歌。

　　一天二十四小時，我都巴不得能再長一些，讓我們能更多交流，更清楚傳達對彼此的愛。

　　對我來說，「愛」不怕講得太多，只怕說得不夠。藉著出書分享沿途心路歷程的機會，我也想把這份愛一字一句地寫下來，希望讓孩子們知道，他們的存在有多麼意義深刻，於我而言，又是多麼珍貴。

給親愛的葦葦：

妳是媽媽的第一個孩子。生下妳之後，媽媽一直都在為生活奔波。我進演藝圈時，妳才不過四、五歲，而那個時候爸爸媽媽已經分開。拍戲經常是沒日沒夜地工作，很難有時間陪妳，一個月裡僅有的一、兩次見面機會，媽媽都十分珍惜。

還記得有次去看妳，妳小小的身子咚咚咚地遠遠跑來，撲進我懷裡。沒想到，妳抬起小臉蛋來的第一句話，卻是問：「媽媽，丁珮琪是壞人嗎？」

那是媽媽拿到的第一個角色，在戲裡飾演一個會耍心機的強勢女議員。因為角色形象鮮明，在網路上造成討論，幸運地累積了一點名氣。沒想到卻會被妳看見，而且可能還留下了「媽媽是壞女人」的印象。

我當場倒抽一口氣。畢竟，媽媽沒學過要怎麼回答這個問題才是正確的。當我還在思考要怎麼開口的時候，妳卻說：「媽媽，沒關係，我知道妳是好人。」

難為還這麼小的妳，就
如此善解人意。就算媽
媽不在妳身邊，妳只能
從電視裡看見我，也不會因為角色的塑造，而忘記媽媽本來
的樣子。

其實，那時候我還是演藝圈的新人，出道作就演這種作風辛
辣的角色，演出時媽媽甚至偶爾也會因為角色的誇張行徑而
掙扎，內心忍不住想：「也太壞了吧！」

所以，當時妳說的那句話，真的給了媽媽很大的力量。對呀，
我不過就是盡責詮釋了戲裡的角色，下了戲後，真實的我還
是一個好人，也依舊是女兒眼裡的好媽媽。

謝謝妳，當媽媽正在一個陌生的新領域拚命學習，感到人生
很徬徨的時候，是妳的安慰，為媽媽加滿了勇氣。未來人生
的旅途上，我們一起繼續為彼此加油！

給孩子的一封信

給親愛的霓霓：

妳知道嗎？妳就像姊姊一樣，從妳們還很小很小的時候，就展現出超齡的體貼與善解人意。妳跟姊姊的年紀相近，自然也經歷了那段媽媽忙於全家生計的日子。即便三、四歲的妳是跟我同住，我們也沒有太多時間相處。那時候我們跟阿嬤住在一起，懂事的妳，很少抱怨媽媽不在身邊。

每天晚上媽媽回家時，總會悄悄地走進房間看妳的睡臉，親親妳的小臉蛋。對忙碌了一整天的我來說，那是最幸福、最滿足的片刻。

有一天，我比平常都還更晚到家。打開家裡的大門，卻發現阿嬤的房間透出一絲燈光，半遮掩的房門前，有個穿著睡衣的小小身影。當下我驚呼出聲：「妳怎麼還沒睡？」

妳一臉愛睏，搖搖晃晃地走向我，手上還拎著存錢筒。那是阿嬤給妳的，要妳記得乖乖把錢存進去。妳把小罐子塞到我

手裡，用可愛的娃娃音對我說：「媽媽，這是我的錢，全部都給妳，這樣妳就不用這麼辛苦賺錢了。」

雖然只是童言童語，但媽媽真的好感動！我知道，妳是心疼媽媽忙著工作賺錢，每天都好晚好晚才能回家，所以妳願意為了我，把全部的「財產」都給我。謝謝妳，那個存錢筒存的不只是金錢，還有妳給媽媽的愛。

媽媽也明白，那個時候小小的妳沒有說出口的話，是「媽媽可以多陪我一點嗎？」這也提醒了我，孩子很快就會長大。過去的時光不能重來，這些年看著妳和姊姊從奶娃娃長大成亭亭玉立的少女，心裡百感交集，未來，媽媽和東東叔叔會一直陪在妳們身邊，讓妳們再也不孤單。

給孩子的一封信

給親愛的斗宅：

你現在是個整天嘰哩呱啦、調皮搗蛋的小哥哥了，你真的長得好快，也為家裡帶來好多歡笑。你知道的，每個人都好愛好愛你。

你的到來，是媽媽和爸爸共組家庭最關鍵的臨門一腳。那個時候，我們已經穩定交往了兩年多，雖然一開始因為工作上的考量沒有對外公開，但媽媽心裡早已經認定了爸爸就是那個「對的人」，想要和他天長地久。

偷偷和你分享，從驗孕棒得知懷了你的那天，剛好是爸爸生日，我們約了一群朋友在宜蘭的民宿慶生。於是，媽媽就把驗孕棒放在眼鏡盒裡，大家唱完生日快樂歌正準備切蛋糕的時候，我就假裝這是禮物遞給爸爸。

是不是很像整人遊戲？等到爸爸打開盒子，發現裡頭的答案是他滿心期待的「兩條線」時，當場飆出眼淚，媽媽自己也感動得哭了。

你就是這麼一份珍貴的禮物。

記得有一次，爸爸媽媽在你面前有些爭
執，你當下什麼話都不說，只是靜靜的
看著我們。媽媽發現了你的不安，於是
請爸爸先帶你去客廳，等媽媽冷靜後再去找你時，你抱著我
溫柔地說：「馬迷，妳不要再跟爸爸吵架。」這句話不但提
醒了我們，也讓我發現，三歲的你，已經是個小暖男了。

懂事的你，在朵拉出生後，也不時展現出哥哥的架勢，想要
照顧妹妹。記得朵拉滿四個月生日那天，你用積木做了蛋糕
慶祝，就連切蛋糕、吹蠟燭的一條龍服務都包辦，朵拉也被
你逗得笑呵呵。掌鏡拍下這段畫面的媽媽，實在覺得幸福都
要從畫面滿出來了。

親愛的斗宅，謝謝你在媽媽感到無助的時候，就來到我的身
邊陪伴著我。也謝謝你的溫暖和勇敢，像小太陽一樣，照亮
爸爸媽媽的心。

給親愛的朵拉：

小朵拉，媽媽生下妳後，就已經昭告天下，說我要封肚啦！所以，妳是我們最後一個珍貴的生命禮物，謝謝妳來到我們身邊。

小朵拉在媽媽肚子裡的時候，也陪著媽媽達成很多工作領域上的里程碑喔！

媽媽從以前就很想拍電影，渴望挑戰更深層的生命角色，在有限的兩小時內把最精彩的一面呈現給觀眾看。沒想到妳一來報到，媽媽就接到了電影劇組的邀約，而且這麼剛好，就是飾演一名孕婦，角色深度也與媽媽的期待不謀而合；這是不是一個很棒的安排？我們一起完成了一部電影！

不只這樣，媽媽懷著妳的時候，還受邀主持金鐘獎，站上電視人的最高殿堂。這對我來說，無疑是在夢想清單上，打了一個大勾勾。

妳的到來，為家裡帶來許多恩典和祝福，爸爸媽媽的工作也更忙碌了。不知道是不是因為這樣，妳到一歲還不怎麼會叫爸爸媽媽。有一天媽媽在為妳禱告時，因為覺得那陣子很少陪在妳身邊，所以心疼地流下眼淚，也求上帝讓我們更有智慧地分配時間，不要錯過妳的成長。後來，爸爸也特地安排我們一同出遊，結果不到兩天，妳就開始追著我們叫「爸爸、媽媽」。原來小小的妳，真的是在鬧脾氣呀！

小朵拉，妳的到來屢屢為媽媽創造驚喜，過往媽媽對於人生、工作的種種願望，都在這段期間開花結果。謝謝妳，完整了我們這個家。

未來，我們還要一起經歷更多！

給孩子的一封信

最後，我想對孩子們說，謝謝你們每個人都陪我走過生命裡許多重要的時刻，我們彼此陪伴、照顧，度過好多幸福的時光。這兩年，世界正經歷嚴重的災難，好多家庭因為這場疫情而破碎。

爸爸媽媽的工作也受到了很大的影響，過去每天忙得團團轉的場景不見了，取而代之的，是每天在家裡和你們相處，陪伴你們。

也算是因禍得福吧！在家裡，看著你們在各個角落，不論是讀書、玩樂還是吵吵鬧鬧，每一刻都好珍貴。

雖然疫情打亂原本的計劃，但過去未曾體驗過的快樂滋味，如今我們都能細細品味著，很多時候我都想著，原來，這就是幸福的模樣。

這是我們全家染疫康復後的開心大合照。

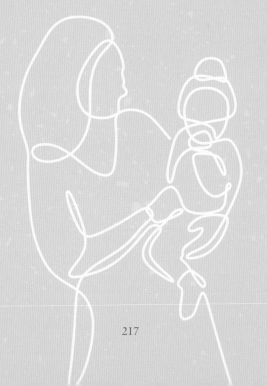

後記 平凡就是幸福

在寫這本書的時候，台灣正面臨新冠肺炎疫情最嚴重的時刻，每天足不出戶。不只是孩子們在放假，對大人來說，也是一段漫長的日子。

雖然家裡的天花板都要掀開來了，卻是一家大小難得相聚的時光。

有一天，全家人坐在客廳追劇，斗宅興奮地滿屋子跑。大女兒抱著朵拉坐在沙發上，二女兒則看顧著斗宅，免得他跌倒受傷，我心裡有說不出來的感動。這時，東諺很有默契地轉過頭來，悄聲在我耳邊說了一句：「老婆，現在的我們，好幸福喔！」

疫情的無常之下，格外能感覺到人類的渺小，心裡也產生許多提醒的話語。

過去我們忙於工作，錯過孩子的成長，每天都跟陀螺一樣轉呀轉，回頭一看，才發現孩子都這麼大了。

在這段所有事情都停擺、不得不在家的時間裡，我們更深刻地感受到，凡事皆有一體兩面，或許我們被迫暫時放下了打拚中的事業，卻因此享受到親子、夫妻之間那份平凡而純粹的美好，找回了起初的愛。

祝福我們，都能成為自己最喜歡的樣子。

SHINZITIY
湘滋緹

10秒穿脱
輕塑曲線專家

年度代言人

8週有效
調節血脂/膽固醇

複方358紅麴磷蝦油

◀掃描官方網站　美無痕生物科技股份有限公司 客服電話：0800-360-036

每一口都吃得到
完整銀耳朵瓣

好綿密～
好滑順～

經典熱銷
有機無添加

養顏美容
添加玻尿酸

健康益膳
三菌+雙纖

 光茵樂活
Lohas Traveller

純淨如光 · 天然如茵
新北市板橋區文化路二段499號21樓
服務電話 02-8259-7077
www.nanobiolight.com

jntluⓥ
肌茵之苐

簡單保養 吸收更好

選對精華液很重要！

保濕要有，痘痘就沒有！

一百家綺 ♡

一拍即合保濕精華液
適用膚質
所有膚質
用途
缺水性補水、長效保濕

閃閃發亮淡斑精華液
適用膚質
所有膚質
用途
淡化斑點

真心有感淨痘精華液
適用膚質
有痘痘、粉刺、內胞粉刺
用途
改善痘痘、粉刺、閉鎖性粉
刺問題

臉不紅紅精華液
適用膚質
容易紅癢、敏感肌
用途
改善紅癢、換季敏感、脫皮
乾燥、暗沈

People

讓每個決定，成為最好的安排：四寶媽白家綺的五味人生

2022年10月初版　　　　　　　　　　　　　　　　　定價：新臺幣420元
有著作權・翻印必究
Printed in Taiwan.

著　　　者	白　　家　　綺	
採 訪 撰 文	張　　雅　　琳	
內 文 協 力	陳　　書　　榕	
藝 人 經 紀	鳳 凰 藝 能　楊 宏 偉	
封 面 攝 影	Ronin Photography 李彥勳	
妝 髮 設 計	劉光馨(Priti makeup Wawa)	
服 裝 造 型	小意思造型設計工作室 莉絲	
叢 書 主 編	陳　　永　　芬	
校　　　對	陳　　佩　　伶	
內 文 排 版	Ivy Design	
封 面 設 計	鄭　　婷　　之	

出　版　者	聯經出版事業股份有限公司		副總編輯	陳　逸　華	
地　　　址	新北市汐止區大同路一段369號1樓		總 編 輯	涂　豐　恩	
叢書主編電話	(0 2) 8 6 9 2 5 5 8 8 轉 5 3 0 6		總 經 理	陳　芝　宇	
台北聯經書房	台 北 市 新 生 南 路 三 段 9 4 號		社　　長	羅　國　俊	
電　　　話	(0 2) 2 3 6 2 0 3 0 8		發 行 人	林　載　爵	
台中辦事處	(0 4) 2 2 3 1 2 0 2 3				
台中電子信箱	e-mail：linking2@ms42.hinet.net				
郵 政 劃 撥 帳 戶 第 0 1 0 0 5 5 9 - 3 號					
郵 撥 電 話	(0 2) 2 3 6 2 0 3 0 8				
印　刷　者	文聯彩色製版印刷有限公司				
總　經　銷	聯 合 發 行 股 份 有 限 公 司				
發　行　所	新北市新店區寶橋路235巷6弄6號2樓				
電　　　話	(0 2) 2 9 1 7 8 0 2 2				

行政院新聞局出版事業登記證局版臺業字第0130號

國家圖書館出版品預行編目資料

讓每個決定，成為最好的安排：四寶媽白家綺
的五味人生/白家綺著 . 初版 . 新北市 . 聯經 . 2022.10 .
228面 . 14.8×21公分 . (People)
ISBN　978-957-08-6440-3（平裝）

1. CST:人生哲學

191.9　　　　　　　　　　　　　　　　　111010925